THREAD

만드는 사람

CEO 이연대
특징
메타세쿼이아 나무지만
출근 시엔 씨앗으로 몸을 숨김

CCO 신아람
특징
위급할 때 직각표기에서 빛이 남

Senior Editor 이현구
특징
집과 헬스장과 회사를 잇는
땅굴 보유 중

Editor 이다혜
특징
어게 라고 외치면
반경 1km까지 들림

Editor 김혜림
특징
고민할 때 수염을 쓰다듬지만
수염이 없음

Editor 정원진
특징
수년 전 귀로 날 수 있는 방법을
터득했지만 비밀을 숨기고 있다

Lead Designer 김지연
특징
백화점 화장실을 좋아함
..표지 디자인 및 만화

Designer 권순문
특징
술을 마시면 끝까지 가는 타입
(주량 : 와인 한잔) ..내지 디자인

Operating Mgr 김민형
특징
셀프사진관에서 자주 출몰함

Community Mgr 홍성주
특징
가시로 오해 받지만 사실은 털

Editor 백승민
특징
평소엔 눈을 감고 있다가
흥미로울 때만 눈을 뜸

Community Mgr 구성우
특징
호시탐탐 이야기할 기회를 노림

《스레드》는 북저널리즘 팀이
만드는 종이 뉴스 잡지입니다.
이달에 꼭 알아야 할 비즈니스,
라이프스타일, 글로벌 이슈의
맥락을 해설합니다.

스레드에 수록된 글과 그림을
이용하려면 반드시 저작권자와
㈜스리체어스의 동의를 받아야
합니다.

THREAD ISSUE 11. EXPLAINED

발행일 2023년 4월 1일
등록번호 서울중, 라00778
발행처 ㈜스리체어스
주소 서울시 중구 한강대로 416 13층
홈페이지 www.bookjournalism.com
전화 02 396 6266
이메일 thread@bookjournalism.com

THREAD

목차

새로운 모습으로 돌아온 《스레드》 11호를 찾아주신 여러분 환영합니다. 이번 호에는 어떤 이야기들이 우리를 기다리고 있을까요?

 ↳ 가끔 멀리에 있는 글씨를 보려고 핸드폰 카메라로 줌 인! 하잖아요. 모르는 정보도 줌 인! 할 수 있으면 얼마나 좋을까요? explained의 키디자인은 그렇게 제작되었습니다. 이번 호도 세계를 줌 인! 해보실까요~

정보를 해석하는 능력은 좌뇌에 달려있습니다. 그런데 여러분 알고 계셨나요? 소리와 문자를 동시에 접할 때 좌뇌가 활발하게 작동한다는 사실 말이에요! 어떤 정보든 '좌뇌'로 해석하지 못하면 내 것이 되지 못합니다. 뉴스를 읽어도 나에게 별 의미 없는 소식이라는 생각이 들었던 이유가 바로 여기에 있어요.

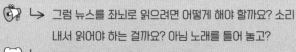 ↳ 그럼 뉴스를 좌뇌로 읽으려면 어떻게 해야 할까요? 소리 내서 읽어야 하는 걸까요? 아님 노래를 틀어 놓고?

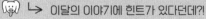 ↳ 이달의 이야기에 힌트가 있다던데?!

북저널리즘 explained는 세계를 해설하는 새로운 시리즈입니다. 조각난 뉴스가 아닌 완전한 스토리를 지향해요. 이슈마다 깊이 있는

오디오도 제공합니다. 입체적인 콘텐츠 경험을 통해 지금의 이슈를 감각하고 해석해 보세요.철저한 선택과 정제를 거친 explained, 일곱 가지 주제를 소개해 드립니다.

 실리콘밸리 은행이 파산한 진짜 이유 _ 22p

미국 실리콘밸리은행(SVB)이 초고속 파산에 이르렀습니다. 사람들은 버튼 하나로 돈을 인출하기 시작했어요. 스마트폰 뱅크런에 불이 붙은 거죠. 그렇게 40년 역사의 은행이 48시간 만에 문을 닫게 됐습니다. 유동성 문제, 금리 인상과 채권 가격 하락, 일주일 사이 문을 닫은 시그니처은행과 실버게이트은행까지 복잡한 문제가 얽혀 있어요. 왜 이런 일이 일어난 건지, 우리나라는 무엇을 준비해야 하는지 궁금하실 것 같아 준비했어요. SVB 파산 과정을 자세히 들여다 보며 채권 문제를 짚어 볼게요.

 ↳ 우리나라로 치면 산업은행 규모의 은행이 단 이틀 만에 무너진 거라고 해요.

 ↳ 미국 정부의 빠른 대처도 눈에 띄었어요!

 시진핑의 스마트 시티, 하이난 _ 28p

중국에 제2의 홍콩이 생깁니다. 바로 하이난성인데요, 시진핑 중국 국가 주석은 이곳을 최첨단 스마트 도시이자 자유 무역항으로 만들고자 합니다. 거대한 국립 공원과 첨단 산업 단지, 각종 세제 혜택 때문에 하이난에 터를 잡는 외국 기업도 많아지고 있는데요, 권력자들은 왜 스마트 도시를 꿈꾸는 걸까요? 권력자들이 만든 이 도시를 우리는 어떻게 바라 봐야 할까요?

 ↳ 서울시도 요새 논란의 한강 르네상스를 다시 추진하고
있죠.

 ↳ 사우디아라비아의 네옴 시티가 생각나기도 해요!

악당이 된 빅테크에 맞서기 _ 34p
라이언 존슨 감독의 신작, 〈나이브스 아웃: 글래스 어니언〉 보신
분 계신가요? 에드워드 노튼이 악역으로 나오는데요, 소셜 미디어
나르시시스트 캐릭터라고 해요. 최근 할리우드 영화에서 악역의
전형으로 IT 사업가들이 등장하고 있어요. 시대마다 등장하는 악역의
전형은 지금의 사회적 여론을 반영하기도 하죠. 10년 전만 해도
혁신의 아이콘이었던 빅테크 사업가들은 어쩌다 악당이 된 걸까요? 그
여론의 중심에는 착취적인 형태의 알고리즘이 있습니다. 마냥 편리한
도구로만 알았던 알고리즘이 서서히 사람들을 위협하는 악당이
되고 있어요. 과연 우리는 개미지옥 같은 알고리즘에서 벗어날 수
있을까요?

 ↳ 영화 〈소셜 네트워크〉에서만 해도 마크 주커버그가 악당은
아니었는데…!

 ↳ 알고리즘에서 벗어날 수 있는 대안이 있을까요?

구글의 대해고, 무엇이 문제인가 _ 40p
구글이 유령 도시가 됐습니다. 사무실에 사람이 너무 없기 때문인데요,
거기다 부동산 임대료를 줄인다며 '책상 공유 정책'까지 내세워 논란이

되고 있죠. 지난 1월 20일 사상 초유의 대해고 이후 노사 간의 신뢰는
바닥을 드러냈습니다. 선망의 대상이었던 구글러들이 책상을 뺏기는 동안
한국에서는 권고사직이 횡행합니다. 무너진 노사 관계, 어디서부터 잘못된
걸까요?

 ↳ 저도 봤어요. 구글 해고 브이로그!

↳ 토스에서도 줄퇴사가 있었다고 하는데 남 일 같지가 않네요.

 산불이 만드는 악의 고리 _ 46p
지난 3월, 제주들불축제가 반쪽짜리 축제로 막을 내렸습니다. 축제의
백미로 꼽히는 '오름 불놓기'를 하지 못했거든요. 한때 제주 최고의
관광 행사였지만 실패로 끝나버린 들불 축제, 이유는 산불 우려
때문이었습니다. 기후 위기로 전통은 지켜야 할 것에서 바꿔야 할 것으로
변화했죠. 산불이 만들어내는 강력한 재난의 고리를 끊어 내기 위해서는
정책의 방향도 바뀌어야 합니다.

 ↳ 와, 들불축제 엄청 유명하잖아요! 코로나 때문에 제대로 못
하다가 올해 열린다고 기대했는데, 반쪽짜리라니?

 ↳ 작년도 올해도 무서운 산불 소식이 너무 많았어요! 그런데
산불이 재난의 고리를 만들어 낸다니, 무슨 얘길까요?

연기금과 ESG 투자 _ 52p
ESG에 대한 관심이 뜨거워지는 지금, 반대의 목소리도 있다고요…?
바로 미국입니다. 연기금이 투자를 검토할 때, "ESG 요소를 우선적으로
고려"하는 제도를 공화당이 비판한 것인데요. 우리나라와도 먼 얘기가

아닙니다. 국민연금은 지난해 최악의 수익률을 기록했죠.
운용 자산 규모도 900조 원 아래로 떨어졌고요. 연금 적자는
예정된 미래입니다. 좋은 가치를 추구한다는 이유로, 수익성이
보장되지 않은 곳에 연금을 투자해도 괜찮은 걸까요? 연금
고갈을 앞둔 국민에게 ESG는 그저 좋은 선택지일까요?

 ↳ 내 연금, 돌려받을 수 있을까…?

 ↳ 투자계의 큰손인 연기금! 큰돈이 걸린 만큼 복잡할 것
　　　 같아요.

 간호법 갈등, 누구의 책임인가 _ 58p
의사와 간호사, 간호사와 간호조무사의 싸움이 만만치 않아요.
바로 국회에 직회부된 간호법 이슈 때문입니다. 간호법은
간호사의 업무 범위와 처우 개선 등을 명시한 법안이에요.
취지는 국민의 안전일 텐데, 양상은 직역 갈등으로 치닫고
있습니다. 각자가 내세우는 숫자 하나에도 기준이 달라요.
이런 와중에 필수 의료 공백, 지역 격차 등으로 인해 의료계는
빠르게 황폐화하고 있죠. 이 갈등, 누구의 책임일까요?

↳ 싸우는 도중에 빅테크가 호시탐탐 의료 서비스를 노리고
　 있잖아요.

↳ 본래의 취지를 잊은 주장은 그 누구도 설득하지 못할 것
　 같아요.

이어지는 '톡스' 코너에서는 사물을 다르게 보고, 다르게 생각하고, 세상에 없던 것을 만들어 내는 사람들의 이야기를 담아요. 《스레드》 11호에서는 더핑크퐁컴퍼니의 권빛나 CSO를 만나 봤어요.

미묘한 세대를 위한 애니메이션 _ 67p
전 세계 유튜브 조회 수 1위, '핑크퐁 아기상어'로 이름을 알린 더핑크퐁컴퍼니가 지난해 말부터 새로운 콘텐츠를 시도합니다. MZ세대를 공략한 물범 애니메이션, '씰룩'인데요. 춤추고 수영하고 잠자는 물범들을 보고 있다면 인간 세계에선 누릴 수 없는 안전하고 행복한 기분에 빠져듭니다. 어른을 위한 애니메이션은 무엇이 다르고, 더핑크퐁컴퍼니는 어떤 확장을 꿈꿀까요?

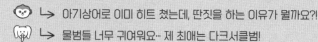 아기상어로 이미 히트 쳤는데, 딴짓을 하는 이유가 뭘까요?!

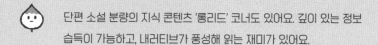 물범들 너무 귀여워요… 제 최애는 다크서클범!

단편 소설 분량의 지식 콘텐츠 '롱리드' 코너도 있어요. 깊이 있는 정보 습득이 가능하고, 내러티브가 풍성해 읽는 재미가 있어요.

공중전화는 통화 중 _ 79p
공중전화는 사라지지 않습니다. 휴대폰을 손바닥에 붙이고 사는 시대가 와도요. 영국에서는 지금도 매년 500만 통의 통화가 공중전화로 이루어진다고 합니다. 공중전화가 응급구조가 필요한, 혹은 전력과 이동 전화 서비스를 이용하지 못하는 사람들을 구하고 있는 셈이죠. 공중전화 부스 안에 담긴 이야기를 들어보세요. 공중전화가 단지 풍경의 일부나 도시의 상징이 아니라는 걸 알 수 있게 됩니다.

🐱 ↳ 오~ 영드 〈닥터후〉의 타디스도 이런 역할을 할 수 있을까요?

🐵 ↳ 공기질 측정이나 전기차를 충전할 수 있도록 낡은 공중전화 부스를 개조한다던 기사가 떠올라요!

💧 《스레드》 11호에서는 지금까지 소개해 드린 열 가지 이야기를 담았어요. 그럼 이제부터 《스레드》를 시작해 볼까요?

이달의 이야기

explained

톡스

롱리드

이달의 이야기에선 한 가지 주제를 깊이 다뤄요.
단순한 사실 전달을 넘어 새로운 관점과 해석을 제시해요.
함께 읽고 생각을 나눠요.

이해받지 못하는 메시지는 아무것도 아닙니다. 정보가 쏟아지는 시대, '해석'의 힘이 곧 권력인 까닭입니다. 세계의 변화에 감도 높게 반응하고 싶은 독자 여러분을 위한, 새로운 포맷의 글을 소개합니다.
__ 신아람 에디터

안녕하세요. 북저널리즘 신아람 CCO입니다.

여행이란 원래 떠나기 직전이 가장 설레는 법입니다. 물설고 낯선 곳에서 바짝 긴장하고 온통 새로운 것들과의 충돌이 이어지는 여행지란, 어쩔 수 없이 고단하기 마련이죠.

그래서 여행지에서 마주하게 되는 것들은 기대 이하인 경우가 많습니다. 그렇게 대단하다더라, 블로그에 여행 정보 프로그램에 잔뜩 기대는 부풀었는데, 막상 내 두 눈으로 보게 되면 뭐 그렇게까지 대단한 건가 싶은 생각이 드는 겁니다. 특히나 지칠 대로 지쳐 체력이 바닥나 버린 여행 후반기라면 더욱 그럴 겁니다.

피카소의 〈게르니카〉가 제게는 그랬습니다. 무려 미술 시간에 배웠던 작품. 그중에서도 세기의 천재로 불리는 피카소의 대작입니다. 가이드 북에도, 여행 정보 카페나 블로그에도 〈게르니카〉를 보고 온 사람들의 '간증'이 있었습니다. 스페인의 수도이면서도 상대적으로 관광객의 발길이 뜸한 편인 마드리드에, 굳이 방문해야 할 이유가 있다면 〈게르니카〉라고 했던 한 블로거의 글이 아직도 기억납니다.

하지만 미술에 별로 관심도 없던 스물여섯의 제게는, 그저 '흉한 그림'이었습니다. 마드리드에 직장을 잡은 친구의 퇴근 시간을 기다리며 괜스레 들른 미술관은 인파로 북적였습니다. 특히 〈게르니카〉 앞이 그랬죠. 감격한 표정의 관람객들을 살피다 보니 왠지 머쓱해졌습니다. 나도 뭔가 느껴야만 할 것 같은데, 이게 그렇게 대단한 작품이라고 하던데 왜 내게는 아무것도 아닌가, 조금 짜증도 났습니다. 다리는 아프고 어서 친구를 만나 맛있는 저녁 식사를 하고 싶은 마음뿐이었죠.

그것이 제가 만난 첫 번째 〈게르니카〉였습니다. 서울에서 거의 1만 킬로미터나 떨어져 있는 마드리드까지 가서 만난 걸작이, 제게는 아무런 의미가 없었습니다. 아쉽지도 않았죠. 아쉬웠던 것은 친구와 함께 가려다 문이 닫혀 돌아섰던 추로스 가게 정도였던 것 같습니다.

10년 후, 〈게르니카〉

그로부터 10여 년 뒤, 저는 〈게르니카〉를 다시 만났습니다. 이번에는
일로 찾은 마드리드에서 일정을 쪼개고 쪼개서 미술관으로 뛰어갔죠.
그저, 그 작품 하나를 보기 위해서였습니다. 그러고는 조금,
울었습니다. 감격스럽거나 기쁜 감정은 아니었습니다. 굳이 단어로
표현하자면 무력감 같은 것에 가까웠겠지요. 저는 아주 한참, 그림 앞을
떠나지 못했습니다.

그림이 달라졌을 리는 없겠죠. 제가 변했습니다. 사람이
한결같아야 한다고들 말하는데, 저는 반대합니다. 저는 변화한 제가 퍽
마음에 들고, 앞으로도 계속 변화했으면 싶습니다. 세계가 변화하고
있기 때문입니다. 시간이 필연적으로 미래라는 방향을 향해 흐르기
때문입니다. 저는 제가 시대에 맞는 사람이 되었으면 좋겠습니다.
뒤처지고 싶지 않습니다.

그 바람 때문인 것 같습니다. 마드리드를 다시 방문하기까지, 그
10여 년 동안 다양한 이야기를 열심히 들었던 이유 말입니다. 정치와
전쟁이 만든, 이름조차 기록되지 못한 피해자들부터 20년 후의 지구를
함께 걱정해 달라는 초등학생의 이야기까지 가리지 않았습니다. 제가
좋아하는 분야라면 애써 공부도 했습니다. 공부는, 되돌아보니 편식이
심하기는 했네요. 그래도 인간이 인간성을 쉬이 잊게 되는 메커니즘에
관해, 거짓이 진실로 둔갑하여 힘을 갖게 되는 과정에 관해 깊이
생각했습니다. 그러는 동안 제 안에는 이야기와 맥락이 쌓였습니다.
화폭에 담긴 비현실적인 학살을 이해할 수 있을 만큼, 그 참상에 감히
공감할 수 있을 만큼 말이죠.

피카소는 분명 20세기의 가장 빛나는 예술가 중 한 명입니다. 그럼에도 불구하고 그의 역작 중 하나로 꼽히는 〈게르니카〉마저 스물여섯의 제게는 아무것도 아니었습니다. 그의 표현력이 부족해서는 아니었을 겁니다. 그가 표현한 장면이 이해되기 위해서는 이야기가 필요하기 때문이겠죠. 좁게는 스페인 내전과 그 과정에서 일어난 학살의 기록, 그리고 사진 기술의 발달로 적나라하게 드러나기 시작했던 전쟁의 참상에 대한 대중의 반응 같은 맥락 말입니다. 넓게는 평온하고 무사한 일상 밖에 이유 없이 벌어지는 살인이 있다는, 지금 이 순간에도 그러한 일이 벌어지고 있다는 현실 인식일 수도 있겠습니다.

좌뇌의 문제

이해받지 못하는 메시지는 아무것도 아닙니다. 그렇다면 뒤집어서 생각해 보죠. 이 세계가 뿜어내고 있는 메시지를, 그 무엇도 제대로 이해할 수 없다면 어떨까. 아마도 끝 간 데 없이 홀로 남겨진 기분이 되고 말 것 같습니다. 그렇게 고립된 사람들이 그런데, 생각보다 많습니다.

당장, 우리나라에서 한참 입길에 오르내렸던 문해력 논란이 떠오릅니다. '심심한 사과'라는 표현을 이해할 수 있느냐의 문제는 세대 간의 갈등으로까지 번졌죠. 그런데 미국으로 건너가면 이 문해력 문제가 좀 더 심각해집니다. OECD 조사에 따르면 미국 성인의 약 20퍼센트가 낮은 수준의 문해력을 갖고 있다고 합니다. 일각에서는 음성 언어 교육의 부재를 그 원인으로 지적합니다. 알파벳과 소리 사이의 관계를 가르치는 'phonics' 분야를 소홀히 한 결과라는 겁니다.

문해력은 말 그대로 '해석'하는 능력입니다. 그리고 해석은

좌뇌의 영향을 크게 받습니다. 글을 '잘' 읽는 사람들은 좌뇌를
적극적으로 사용합니다. 한마디로 글을 '해석'할 줄 안다는 얘깁니다.
스탠퍼드 연구진의 연구 결과에 따르면 소리와 문자를 동시에 사용해
단어를 학습할 때 좌뇌가 활발하게 작동합니다. 소리 없이 학습하면
우뇌만 열심히 일을 하죠.

언어를 구성하는 음소부터 문단과 챕터의 구성까지 한데 모여
하나의 글이 완성됩니다. 그 속에 존재하는 맥락이 다음 단어를,
문장을, 문단을 해석하는 힘이 됩니다. 우리는 그렇게 정보를 받아들여
나를 위한 '이야기'로 소화하고, 저장하는 것이겠죠. 글뿐만이
아닙니다. 어떤 정보든 '좌뇌'로 해석하지 못하면 내 것이 되지
못합니다. 이 정보가 나의 세계에 과연 어떤 소리를 울리고 있는지, 그
맥락과 함의를 알지 못한다면, 우리는 쏟아지는 정보로부터 고립될
뿐입니다.

《THREAD》, 〈explained〉

북저널리즘이 〈explained〉를 시작합니다. 세계의 변화에 감도 높게
반응하고 싶은 독자 여러분을 위한, 새로운 포맷의 글입니다. 매일
같이 뉴스는 쏟아지지만, 우리에게 의미 있어 보이는 소식은 의외로
발견하기 힘들죠. 뉴스가 온전하지 않기 때문입니다. 파편으로
부서져 있기 때문에 맥락과 함의를 알 수 없고, 그래서 지금의 뉴스는
우리에게 의미가 되지 못합니다.

빠르고 효율적으로, 동시에 완전한 스토리로 이슈를 담아내고자
하는 고민이, 〈explained〉에는 담겼습니다. 맥락 없는 소식을
여럿 전하기보다는 변화를 이해할 수 있는 이슈에 집중하기 위해
큐레이션에도 더욱 세심한 노력을 쏟습니다. 무엇보다, 정보를

해석해야 할 우리의 좌뇌가 더욱 열심히 일하도록 오디오 해설도 준비했습니다. QR 코드로 간편하게 들어보실 수 있습니다. 글은 효율적이지만 말은 효과적이죠. 입체적인 콘텐츠 경험을 통해 지금의 이슈를 감각하고 해석하는 시간을 즐겁게 누리셨으면 합니다.

〈게르니카〉는 흑과 백으로 그려졌습니다. 그럼에도 피카소는 자신의 그림에 붉은 피를 새겨넣었죠. 화폭에 담긴 맥락과 함의를 아는 사람들만이 보고 냄새 맡을 수 있는 피 한 방울 말입니다. 만약 평화가 승리한다면 전쟁은 과거의 이야기가 될 것이라고, 피는 현실이 아닌 아름다운 회화 앞에만 존재하게 될 것이라며 피카소는 이렇게 이야기했습니다. "관객이 그 그림에 다가가 긁어내면, 한 방울의 피가 생겨날 것이다. 그렇게 그 작품이 진정으로 살아있음을 보여줄 것이다."

《THREAD》와 함께 하는 독자 여러분께, 이슈의 표면을 긁어내면 과연 무엇이 숨겨져 있는지 전해드릴 〈explained〉를 소개합니다. ●

explained에선 세계를 해설해요.
조각난 뉴스가 아닌 완전한 스토리를 지향해요.
선택과 정제를 거친 일곱 개 이슈를 오디오로도 경험해 보세요.

2000억 달러가 넘는 자산을 보유한 미국 실리콘밸리은행(SVB)이 파산했다. 미국 캘리포니아주 금융 당국은 현지 시간 3월 10일 유동성 부족과 지급 불능을 이유로 SVB를 폐쇄했다. 미국에서 은행으로는 두 번째로 파산 규모가 크다. 미국 정부가 같은 달 12일 예금자 보호 계획을 발표했지만, 시장의 충격은 여전하다. 제2의 SVB가 나올 수 있기 때문이다. __ 이연대 에디터

이번 사태가 미국과 세계 금융의 위기 도미노로 이어질 가능성은 크지 않다. 스타트업을 주요 고객으로 하는 특정 은행의 특수 사례라는 분석이 많다. 그러나 위기의 근원을 살펴보면 미국도 한국도 안심할 수 없다. 바로 채권 투자 손실이다. 금융권 대부분이 이미 채권 문제를 안고 있다. SVB처럼 실현된 손실인지, 실현되지 않은 손실인지 차이만 있을 뿐이다. SVB 파산 과정을 들여다보고 채권 문제를 짚어 본다.

ⓒ사진: rarrarorro

실리콘밸리의 주거래 은행

SVB는 미국 실리콘밸리에서 1983년 설립됐다. 미국 내 16위 규모의 은행이지만, 이름부터 그렇듯 실리콘밸리에선 예금액 3위 안에 드는 주거래 은행으로 통했다. 주요 고객은 스타트업이었다. 외부 투자를 유치한 스타트업은 SVB에 예금을 맡겼고, 아직 수익을 내지 못하는 스타트업은 SVB에서 대출을 받았다. 에어비앤비와 도어대시도 고객이었다. 그런 은행이 투자 손실을 발표한 지 48시간 만에 문을 닫았다.

No paycheck

3월 11~12일 주말 사이, 실리콘밸리는 공황 상태였다. 일요일 오후
미국 정부가 예금 전액 보증을 발표하기 전까지 줄도산 우려가
이어졌다. 원래는 예금 보험 한도인 25만 달러까지만 보상을 받을
수 있었기 때문이다. 영상 스트리밍 기업 로쿠(Roku)는 SVB에 맡긴
예금이 4억 8700만 달러다. 회사가 보유한 전체 현금의 4분의 1이다.
직원들도 걱정이 컸다. 회사가 현금을 SVB에만 넣어 뒀고 정부의 긴급
조치가 없었다면 당장 다음 급여부터 밀릴 수 있었다.

> 정부의 빠른 대처가 눈길을 끌었어
> 그만큼 시장이 민감해졌기 때문이겠지!?

과도한 유동성

40년 역사의 은행이 어떻게 48시간 만에 무너졌을까. 문제의 시작도
끝도 유동성이었다. 코로나19 경제 위기를 극복하기 위해 미국 정부는
2020~2021년 4조 달러를 시장에 풀었다. 투자 시장은 활기가 넘쳤고,
기술 기업 주가는 고점을 찍었다. 스타트업이 유치한 투자금이 계좌에
쌓이면서 SVB 예금 규모는 2019년 말 617억 달러에서 2021년 말
1890억 달러로 세 배 증가한다. 굴리는 돈은 세 배 늘었는데, 대출
수요는 그만큼 따라오지 않았다. 투자를 넉넉히 받은 스타트업이
대출을 받을 이유가 없었다. SVB는 예금 절반을 미국 국채와 모기지
채권 등 증권에 투자한다.

말라붙은 유동성

2022년이 되면서 상황이 급변한다. 미국이 양적 완화를 종료하고

돈줄을 죄기 시작한다. 물가 상승을 막기 위해서다. 미국 중앙은행인 연방준비제도(연준)는 금리를 급격하고 꾸준하게 올린다. 금리가 1년 만에 제로에서 4.5~4.75퍼센트까지 오른다. 금리가 오르자 기술 회사 주가에 거품이 빠지고 투자 시장도 얼어붙는다. SVB의 주요 고객인 스타트업은 자금난을 겪는다. 투자가 이뤄지지 않으니 신규 예금은커녕 있던 예금을 빼게 된다. SVB는 고객이 맡긴 돈을 내주기 위해 초저금리 시대에 사들인 채권을 매각하기로 한다.

도미노가 여기서 멈춰야 할 텐데

금리 인상과 채권 가격 하락

채권은 쉽게 말해 빚 보증서다. 지금 돈을 빌려주면 일정 기간 뒤 원금에 이자를 붙여 갚겠다는 증서다. 이 증서를 만기 전에 사고팔 수 있다. SVB는 금리가 제로였을 때 미국 국채를 샀다. 그런데 최근 1년 사이 금리가 폭등하면서 2년 만기 미국 국채 금리도 1퍼센트대에서 5퍼센트로 뛰었다. 지금 시장에 수익률 5퍼센트짜리 국채가 있는데, 예전에 발행된 수익률 1퍼센트짜리 국채를 제값 주고 살 사람은 없다. 시세를 맞추려면 원금 손실을 보더라도 산 가격보다 낮게 내놔야 한다.

마지막 48시간

SVB는 별수 없이 손해를 보면서도 채권을 매각했다. 210억 달러어치를 팔았는데, 이 과정에서 18억 달러의 손실이 발생했다. 채권을 처분하고도 자금이 모자랐던 SVB는 신주 발행 계획을 발표한다. 이게 3월 8일의 일이다. 이후 투자자들 사이에서 SVB가 망할 거라는 소문이

돈다. 투자자들은 투자 기업에 연락해 SVB 예금을 서둘러 빼내라고
조언했다. 뱅크런이 시작된다. 9일 하루에만 총 예금의 4분의 1인
420억 달러가 인출됐다. 손실 발표 48시간 만인 10일, 금융 당국은
은행 폐쇄를 결정한다.

우리나라로 치면 산업은행 규모의 은행이
단 이틀 만에 무너진 거라고

제2의 SVB

일요일 아침까지만 해도 미국 정부는 개입을 고려하지 않았다. 은행권
전반의 문제가 아니라 특정 은행의 문제라는 이유였다. 그런데 이날
다른 은행이 또 폐쇄된다. 가상화폐 전문 은행인 시그니처은행이다.
3월 8일 청산 계획을 밝힌 실버게이트은행까지 일주일 사이 은행 세
곳이 문을 닫았다. 위기감이 확산하자 오후 들어 미국 정부는 태도를
바꾼다. 구제 금융으로 SVB를 회생시키진 않아도 예금자들의 예금은
보험 한도와 관계없이 전액 보증하기로 했다. 연준도 250억 달러
규모의 새 기금을 조성한다. 은행이 자금 압박을 겪을 때 SVB처럼
손해를 보며 증권을 매각하지 않도록 증권을 담보로 1년간 자금을
대출할 계획이다.

IT MATTERS

SVB 파산 사태가 금융권 전반의 위기로 확대하진 않을 전망이다. 주로
스타트업을 상대해 온 SVB라는 특정 은행의 문제이지, 부실 채권
판매가 촉발한 2008년 금융 위기와 같은 은행 시스템의 문제는 아니기
때문이다. 재닛 옐런 미국 재무부 장관의 말처럼 미국의 다른 은행은
고객층이 다양하고 유동성도 부족하지 않다. 게다가 미국 정부가

주말을 넘기지 않고 대책을 내놓으면서 시장의 공포 확산을 조기에 차단한 것으로 보인다.

진짜 문제는 따로 있다. 금융권이 보유한 채권의 미실현 손실이다. 정부가 발행한 채권, 즉 국채는 안전하다. 미국 국채는 더 안전하다. 만기까지 들고 있을 때 그렇다. SVB처럼 현금이 급히 필요해 초저금리 시대에 매입한 채권을 고금리 시대에 팔아야 한다면 손실을 보지 않을 은행이 없다. 미국 은행이 보유한 증권의 미실현 손실은 2021년 말 80억 달러에서 2022년 말 6200억 달러로 80배 늘었다. 당장 팔지 않고 들고 있는 증권이라 손실이 실현되지 않았을 뿐이다.

우리나라도 상황은 비슷하다. 채권은 만기 전에 매도할 목적으로 매입하는 '매도 가능 채권', 만기까지 보유하려고 매입하는 '만기 보유 채권'으로 나뉜다. 지난해 국내 보험사들은 100조 원이 넘는 매도 가능 채권을 만기 보유 채권으로 장부상 재분류했다. 매도 가능 채권은 시가로, 만기 보유 채권은 원가로 재무제표에 반영되기 때문이다. 한국은행은 금리가 2퍼센트포인트 오르면 보험사의 채권 평가 손실이 72조 원 발생할 것으로 추정한다. 우리나라 기준 금리는 1년 사이 3퍼센트포인트 올랐다. 상황이 이런데, 연준은 3월 22일 기준금리를 0.25퍼센트포인트 인상했다. ☻

 남의 나라 얘기로 볼 수만은 없겠어

중국 하이난성이 첨단·친환경 기술의 실험장이 되고 있다. 하이난을 최첨단 스마트 도시이자 자유 무역항으로 만들려는 계획의 일환이다. 홍콩과의 연계도 강화하고 있다. 지난 2월 13일 하이난은 홍콩에 하이난 자유 무역항의 전문 서비스 시장 개방을 위한 10가지 조치를 발표했다. 홍콩의 전문가가 하이난에 쉽게 진출할 수 있게 된다. 중국에 진출하는 외국 기업들은 하이난에 터를 잡기 시작했다.

__ 이현구 에디터

에디터의 음성 해설을 지금 들어 보세요!

하이난 계획은 '중국몽(中国梦)' 프로젝트의 하나이자 시진핑 3기가 선보이는 새 경제특구다. 중국의 비전이 담겼고 시진핑 정부의 성패가 달렸다. 세계 각국은 앞다투어 스마트 시티 계획을 내놓는다. 핵심 투자처이자 기업의 진출지인 만큼 옥석을 가려야 한다. 서울시나 제주도에도 좋은 레퍼런스가 된다.

ⓒ사진: Waldteufel

중국의 하와이

하이난은 남중국해에 위치한 중국 최남단의 섬이다. 한국으로 치면 제주도다. 중국 내에서 드물게 열대 기후 지역으로 중국의 하와이로 불린다. 인기 있는 관광지다. 녹화율이 62퍼센트다. 천연 고무나무, 커피, 열대 과일 등 경제 작물이 많고 원시 삼림 보존이 잘 되어 있다. 자원의 보고이자 투자의 낙원이다. 왕다쉐 하이난성 외사판공실 주임에 따르면 2023년 기준 1320개 외자 기업이 들어섰고 실제 사용 외자 총액이 40억 5000만 달러에 이른다.

 하이난 긴팔원숭이의 유일한 서식지이기도 하지

개혁 개방 4.0

덩샤오핑 집권기인 1978년부터 중국은 점진적 개혁 개방을 해왔다. 무역이 쉬운 남부 항구 도시를 하나둘 경제특구로 지정하며 외자를 유치했다. 용어가 변경되며 영역도 확대됐다. 2013년엔 상하이 '자유 무역 시험구'가 도입됐다. 2018년 이는 12개로 늘었다. 하이난도 이때 포함됐다. '자유 무역항'은 가장 개방된 버전이다. 일국양제인 홍콩 특별 행정구에 준한다. 무관세, 저세율, 세제 간소화 혜택이 있고 무역, 투자, 역내외 자본 이동, 인적 교류 자유화, 물류 등 다섯 개 분야의 편의도 제공된다. 전면적 개혁 개방으로의 전환, '개혁 개방 4.0' 시대의 표상이다.

시진핑의 꿈

홍콩을 강화하는 방법도 있다. 왜 하이난일까? 홍콩은 영국령이었고 자본주의 시스템이다. 중국 본토 규제가 적용되지 않는다. 지금은 많이 중국화 됐지만 홍콩은 독립·민주화 운동의 위험이 있다. 2019년 대규모 시위가 있기도 했다. 시 주석은 시진핑 정부의 대전략 '일대일로(一帶一路)' 계획에 걸맞으면서도 자신만의 업적이 될 도시로 하이난을 점찍었다. 하이난은 2025년까지 봉관, 즉 특수 지역으로 완전히 분리될 계획이다. 여기에 사상적 누수를 허용하지 않겠다는 류츠구이 하이난 전 당서기의 발언은 하이난이 홍콩의 대체재임을 암시한다.

시진핑은 국가 주석 당선 이후 세 번이나 하이난을 방문했대

홍콩을 대체할 가능성

도시는 뚝딱 만들어지지 않는다. 하이난은 이름난 관광지고 혜택도 많지만 홍콩을 대체하려면 글로벌 표준이 자리 잡아야 한다. 홍콩은 이미 150년간 중국의 대외 관문으로 공항·항만 등의 인프라가 잘 되어 있고 법률 체계나 사회 시스템에 있어 미국·영국식 프로토콜을 갖췄다. 영어 능력도 아시아 최고 수준이다. 미디어나 기업 활동에 있어 공산당의 규제에서 비교적 자유롭다. 금융이나 무역, 제조업 규모에서도 하이난은 홍콩에 미달한다. 중국 정부의 홍콩 개입이 늘어나며 홍콩의 위상이 약해지더라도 하이난이 오롯이 홍콩을 대체하기란 어렵다는 게 중론이다.

하이난의 셀링 포인트

홍콩과 차별화되는 지점은 기술, 관광, 생태다. 이곳엔 심해·농업·우주 연구소 등 특화 산업 단지가 들어섰다. 국영 차이나 듀티프리그룹(CDFG)은 2019년 세계 면세점 시장에서 10위권 밖이었지만 압도적 관세 혜택으로 2020년 1위에 오른다. 2020년 류츠구이를 이어 하이난 당서기가 된 선샤오밍은 의학 박사다. 아시아권의 경제 회의인 '보아오 포럼(BFA)'이 열리는 보아오진에는 러청(乐城) 시범구가 만들어지고 있는데 이곳은 중국 유일의 의료 특구다. 의료 관광과 더불어 생태 관광도 인기다. 세계적 열대 우림을 국립 공원화해 종 다양성 보존에도 힘쓴다.

워싱인가 미래인가

하이난은 사우디아라비아의 '네옴 시티'와도 닮았다. 친환경 스마트
도시이자 관광, 특화 산업 육성에 집중한다는 점이 그렇다. 이들
도시에는 늘 그린 워싱이란 꼬리표가 따라붙는다. 네옴 시티는 담수화
과정에서 해양 오염 문제가 지적된다. 공사로 인한 토착민 강제 이주
문제도 있다. 무엇보다 COP26이 있은 지 몇 주 만에 사우디는 석유
증산을 발표했다. 하이난은 지속 가능한 삶의 양식 '로하스(LOHAS)'를
관광 상품으로 내세우고 2030년까지 내연차 판매를 전면 금지한다고
한다. 하지만 정작 2022년 중국은 7년 만에 최대 규모의 석탄 발전을
허용했다.

©사진: SHANNON-MARIE MUSCAT

권력자의 도시

억만장자 마크 로어가 만드는 사막 도시 '텔로사(Telosa)'는 공정성이
핵심 가치다. 사회 실험에 그 목적이 있어서다. 하이난과 네옴 시티는
다르다. 권력자의 공치사다. 사우디아라비아가 지난 2월 17일 초호화
큐브 도시 '무카브(Mukaab)' 설립 계획을 공개하며 네옴 시티의 실현

가능성에도 의문점이 찍혔다. 무함마드 빈 살만 알 사우드 왕세자는 암투와 피의 숙청을 통해 왕세자에 올랐다. 시 주석은 3연임을 두고 국내외적 역풍을 맞고 있다. 기존 경제 구조의 한계 타파와 정치적 정당성 확보를 위해 도시는 가장 가시적인 업적이다. 권력자가 도시를 그리는 이유다.

IT MATTERS

액면 그대로 보면 스마트 도시는 단점보다 장점이 많다. 기술 집약적이고 친환경적인 도시를 만드는 것은 시대가 당면한 과제 중 하나기 때문이다. 독재자의 존재는 역설적으로 정책을 밀어붙이는 힘이 된다. 우리가 먼저 목도하게 될 스마트 도시들은 권위주의 국가의 그것일 가능성이 높다. 그럼에도 권력자의 도시가 좋은 선례로 남게 하려면 어떻게 해야 할까? 선의의 동기를 만들어주어야 한다. 과거의 호화 도시와 달리 오늘날 권력자의 도시들은 개혁 개방을 꿈꾸기에 글로벌 표준에서 자유로울 수 없다. 엄격한 ESG와 녹색 분류 체계가 필요한 이유다.

　'2040 도시 계획'의 밑그림을 그리는 제주도는 'n분 도시'를 두고 권역 생활권 설정부터 재건축 사업에서의 건물 높이까지 갈등이 끊이지 않는다. 이해관계의 난립은 도시 계획을 이권 다툼으로 만들고 정쟁으로 비화시킨다. 그 과정에서 도시가 표방하는 '스마트'는 지워지고 있다. 도시는 팔기 전에 살기 위한 곳임을 상기할 때 옥석을 가리고 수주·투자의 리스크를 피할 수 있다. 제주도나 서울시가 도시 브랜딩 이전에 생각해 보아야 할 과제다. Ⓣ

 서울링과 한강 르네상스는 누굴 위한 걸까

할리우드에 새로운 악역의 전형으로 IT 사업가가 등장하고 있다. AP통신은 라이언 존슨 감독의 영화 〈나이브스 아웃: 글래스 어니언〉에 등장하는 악역 '마일스 브론(Miles Bron)'이 "소셜 미디어 나르시시스트"인 점을 지적했다. 영화 〈킹스맨〉, 〈돈룩업〉에서도 기술 사업가는 공공의 이익에 반하는 고집 센 악당이다. 기술이 일상에 미치는 영향력이 커짐에 따라, 알고리즘, 중독, 범죄 등의 다양한 부작용이 사회적 우려로 자리 잡았다. 소셜 미디어는 우려의 중심에 있다. __ 김혜림 에디터

WHY NOW

모두가 알고리즘 속에 사는 시대다. 소셜 미디어의 책임은
어디까지일까? 알고리즘을 국가가 관리하면 모두가 안전해질까?
다양한 물음.이전에는 무수한 발화가 자유로이 오갈 수 있다는,
플랫폼의 잠재력이 있다. 이 잠재력을 놓치지 않으면서 빅테크의
알고리즘에서 벗어날 방법이 있다. 인터넷 초기, 자유로운 정보 공유를
지향하며 등장했던 RSS가 그 대안일지 모른다.

악역의 의미

영화에서 악역은 어떤 문제일까. 독일의 법학자 카를 슈미트는
적과 동지를 구분할 때 정치가 시작된다고 봤다. 선이 악을 이길 때,
악이 파멸할 때 관객은 카타르시스를 느낀다. 악역은 시대에 따라,
상황에 따라, 사건에 따라 전형적인 정체성을 가진다. 서부 개척
시대를 다룬 서부극의 악당은 인디언이었고, 분단 직후 한국 영화의
악역은 공산주의라는 사상이었다. 새로이 재현되는 악역의 전형이
실리콘밸리의 사업가라는 것은 지금 사회의 의식을 드러내는 것일지
모른다.

악당이라는 여론

미국 퀴니피악대학교(Quinnipiac University)가 2022년 설문한 조사에
따르면 미국인 열 명 중 일곱 명은 페이스북, 트위터와 같은 소셜
미디어 회사가 사회에 득보다는 실을 가져온다고 판단했다. NBC
뉴스가 실시한 여론 조사도 유사한 결과를 보였다. 미국인 다섯 명 중

한 명만이 마크 주커버그에게 호의를 표한다. 영화 속에서만이 아니다.
여론 속의 빅테크 사업가들은 이미 악당이다.

10년 전이랑은 상황이 아예 다르네!

강력한 잣대가 된 알고리즘

이들을 향한 부정적인 여론의 핵심에는 알고리즘이 있다. 영국의
데이터 분석 업체 케임브리지 애널리티카가 미 대선 여론 조작에
교묘하게 개입했던 사실이 알려지며, 대중은 소셜 미디어와 알고리즘이
발휘할 수 있는 파급력을 실감했다. 지난 2월 21일 변론이 진행된
'곤잘레스 vs 구글(Gonzalez v. Google)' 사건의 원고는 프랑스 파리에
체류하던 중, IS의 총격으로 사망한 노에미 곤잘레스의 유족이다.
원고는 유튜브의 알고리즘이 IS 테러리스트를 모으는 데 도움을 줬다고
주장한다. 소셜 미디어 시대 이후의 알고리즘은 개인의 일상과 삶의
태도를 결정하는 강력한 잣대가 됐다.

통신품위법 제230조

플랫폼의 책임은 어디까지일까. 페이스북은 콘텐츠를 전시하고
전달하는 컨베이어 벨트일까, 콘텐츠를 생산하고 선별하는
공장장일까? 쟁점이 되는 법안은 미국의 통신품위법 제230조다.
"쌍방향 컴퓨터 서비스의 생산자 혹은 사용자는 다른 콘텐츠 생산자가
게시한 정보의 발행인, 혹은 발화자로 간주하지 않는다." 제230조의
내용대로라면, 플랫폼은 내부에서 유통되는 콘텐츠에 대해 어떠한
책임도 질 필요가 없다. 구글뿐 아니라 수많은 플랫폼 기업들이
통신품위법 제230조를 법적인 방패로 삼고 있다.

책임자의 역할, 표현의 자유

정치권에서는 플랫폼의 방패가 되는 통신품위법 제230조를 폐지해야
한다는 목소리를 낸다. 민주당에서는 책임자의 역할 강화를,
공화당에서는 표현의 자유 수호를 그 근거로 내세운다. 같은 법을
둘러싸고 정치권이 내세우는 근거가 달라지는 이유는 해당 법안이
띠는 양가적인 성격 때문이다. 통신품위법 제230조 (C)항 2호는
인터넷 사업자가 부적절하다고 판단하는 콘텐츠를 제거, 차단하는
행위가 가능하다고 명시한다. 플랫폼은 모든 콘텐츠를 자유롭게 내보낼
수도, 알고리즘에 따라 특정 발화를 강조할 수도, 또는 부적절하다고
판단한 것을 아무런 책임 없이 삭제할 수도 있다.

플랫폼이 콘텐츠를 마음대로 삭제할 수 있으니
공화당은 표현의 자유 침해를 우려해

표현인가, 행동인가

1996년 통신품위법 입법 당시 대통령이었던 빌 클린턴은 인터넷
사업자가 부적절한 콘텐츠를 자연스레 거를 것이라 판단했다. 사업적
기준에서 사람들이 선호하지 않는 콘텐츠는 시장 가치가 없기
때문이다. 그러나 현대의 플랫폼이 운용하는 알고리즘은 사용자가
좋아할 법한 콘텐츠를 적극적으로 제시하는 것에 무게를 싣는다. 시장
가치의 기준이 달라진 것이다. 통신품위법이라는 방패에 맞서 미국의
저널리스트 줄리아 앵윈(Julia Angwin)은 단순한 표현(speech)과
적극적인 행동(conduct)의 분리를 제안한다. '곤잘레스 vs 구글' 사건의
원고 역시 콘텐츠와 알고리즘을 분리하며, 플랫폼이 행하는 적극적인
움직임을 강조한다.

데이터와 알고리즘, 규제와 보호 사이의 줄다리기는 미국만의 문제가 아니다. 《월스트리트저널》의 보도에 따르면 현재 중국 정부는 데이터 통제국 설립을 준비하고 있다. 기업의 데이터 수집과 공유 규칙을 설정하고 감시해 알고리즘의 적절성, 보안 문제 등을 관리하겠다는 방침이다. 데이터 통제국이 발화를 직접 감시하고 선별할 수 있기 때문에, 플랫폼 전체가 국가의 기준을 따를 가능성이 크다. 반면 다중적인 기준 아래, 자유로운 정보의 유통을 지향하는 플랫폼에서는 다양한 표현과 발화가 이뤄진다. 이것이 플랫폼이 품은 잠재력이다.

©사진: alexskopje

IT MATTERS

악당에 굴복해 플랫폼의 잠재력을 포기할 수는 없는 노릇이다. 그렇다면 빅테크의 알고리즘 바깥에서, 보호라는 탈을 쓴 검열과 거리를 두면서, 플랫폼의 순기능을 취할 수 있을까? 2000년대부터 쓰이기 시작한 RSS가 그 대안이 될 수 있다.

RSS는 온라인 콘텐츠를 사용자가 한 곳에서 소비할 수 있도록 하는 콘텐츠 배급 포맷이다. url만 추가하면 뉴스, 블로그, 유튜브 등 플랫폼에 구애받지 않고 누구나 자신만의 피드를 구성할 수 있다. 사용자를 중독시켜 체류 시간을 연장하는 형태의 착취적 알고리즘이 아닌, 개인이 주도적으로 만드는 대안적 플랫폼에 가깝다. rss.app과 같은 서비스를 이용한다면 복잡한 절차 없이도 개인화된 알고리즘을 구성할 수 있다.

　　RSS는 오래된 기술이다. 그럼에도 여전히 많은 이들이 소셜 미디어의 알고리즘에 자신을 의탁하며 살아간다. 그 과정에서 실리콘밸리의 사업가들은 음모론의 주인공과 악당으로 추상화된다. 절대적인 악당 앞에서 사람들은 무력해지기 마련이다. 이때 새로운 형태의 디지털 교육이 열 수 있는 가능성은 무궁무진하다. 대안적 기술과 그에 접근할 수 있도록 돕는 교육이 새로운 히어로가 될 수 있다. ☻

적극적인 디지털 리터러시 교육이 필요해

구글 CEO 순다르 피차이가 3월에 열린 구글 전체 회의에서 지난 2월 발표한 책상 공유 정책 '클라우드 오피스 에볼루션(Cloud Office Evolution)'을 옹호했다. 구글 클라우드의 주요 사무실에서 출근 일자가 다른 직원들이 같은 책상을 쓰게 하는 정책이다. 사내 커뮤니티 '밈젠(memegen)'에선 "모든 비용 절감 조치가 직원을 위하는 것처럼 보이려 엉터리 말을 만들 필요는 없다."는 밈이 돈다. 경영진에 대한 신뢰가 감소하고 있다. __ 이현구 에디터

오디오와 함께 들으면 이슈가 더 쉬워져요~

꿈의 직장 중 하나인 핀테크 토스에서는 지난 2월 개발팀 직원 45명 중 여섯 명이 줄퇴사했다. 퇴사자들은 권고사직이라 말한다. 개인별 정량적 성과 측정 없이 동료 간 이뤄지는 정성 평가에 의존해 조직 문화 내 정치가 만연해졌다는 게 이유다. 이들은 토스와 가스라이팅의 합성어인 이른바 '토스라이팅'을 당했다고 주장한다. 누구에게라도 일어날 수 있는 일이다. 오늘날 노사의 신뢰는 무너졌고 번아웃 세대들은 사직서를 품고 산다. 내 책상은 내가 챙겨야 한다.

유령 도시

"사무실이 유령 도시 같다." 피차이가 전한 직원들의 반응이다. 그는 값비싼 부동산의 30퍼센트만 이용하는 건 임대료 낭비라 말한다. 표면적 이유는 주 2일 근무자가 많아졌기 때문이다. 구글 클라우드 전략 및 운영 부사장 아나스 오스만에 따르면 직원 중 주 4일 근무자는 전 직원의 35퍼센트에 불과하다. 책상 공유 정책을 위해 주 3일 근무자 65퍼센트를 2회만 사무실에 나오도록 한 건 구글이다. 책상 공유는 사무실 축소의 포석이다.

©사진: wolterke

위기의 알파벳

구글의 모회사 알파벳은 2022년 3분기 6퍼센트의 성장률을 보였다.
2013년 이후 최저다. 유튜브를 위시한 광고 매출 둔화가 심했다.
클라우드는 성장세가 높았지만 운영 손실이 늘었다. 4분기에도
가이던스를 밑돌며 경기 둔화의 그림자를 피하지 못했다. MS와의
AI 전쟁에서 오픈AI의 '챗GPT'의 대항마로 내놓은 바드는 시연
당일 오답을 내며 체면을 구겼다. 당일 알파벳 주가는 7퍼센트 넘게
폭락했다. 다른 빅테크처럼 구글도 위기 앞에 고정비를 줄였다.

바드 오답이 하나 더 있었대. 시총 150조가 증발할 만 했지.

구글의 칼춤

고정비는 임대료에 국한하지 않았다. 구글은 지난 1월 20일 전 세계
직원의 6퍼센트에 해당하는 1만 2000명을 감원하겠다 밝혔다. 창사
이후 최대 규모의 해고. 알파벳, MS, 아마존, 메타 등을 포함 2022년
동안 빅테크에서 해고된 직원은 7만 명으로 추산된다. 칼춤에서
살아남은 것은 AI 분야 인력들이다. 구글 해고 명단에 구글의 AI연구소
'구글 브레인' 소속 직원들은 없었다. MS도 지난 1월 오픈AI에 12조 원
규모 투자를 발표했다. 잘린 직원들은 AI 전쟁의 숨은 총알받이다.

해고 브이로그

1월 22일 틱톡에서 한 구글 직원의 브이로그가 화제가 됐다. 해고
과정이 담긴 90초 분량의 영상은 상쾌한 하루로 시작해 이메일을
확인하라는 상사의 전화로 무너진다. 구글 메일의 액세스 권한은

사라졌고 그는 오열했다. 구글을 넘어 전 세계의 해고당한 직원들은 해고 경험을 공유하고 있다. 구글러(Googler) 브이로그가 아닌 그들의 다음 스텝을 보는 게 새 틱톡 트렌드가 됐다. 스브스뉴스는 한국의 권고 사직 브이로그를 올린 이들과 인터뷰하며 '새로운 시작'에 대한 열망이 더 컸다고 말한다. 다만 어떤 해고는 잔인하다.

©사진: Firmbee.com

국경 너머의 신

구글 취업 후 유럽에 온 비(非)유럽 출신 노동자들은 불안에 떤다. 국가에 따라 EU나 EFTA 국가 국민이 아니면 실직 시 몇 개월 이내로 떠나야 하기 때문이다. 구글 유럽 지부의 핵심 스위스가 대표적이다. 스위스는 해고도 쉽다. 반면 프랑스는 1000명이 넘는 직원 중 아무도 해고하지 못한다. 지부가 속한 국가마다 노동법이 달라 벌어진 일이다. 눈물의 브이로그는 누군가에겐 생존의 문제다. 러시아, 시리아, 우크라이나 출신 직원들은 사실상 난민과 같다. 구글은 신의 직장이지만 국경 바깥에는 구원이 없다.

해고의 조건

절차와 규모가 제각각이다 보니 구글의 해고 결정이 블랙박스라는
비판이 나온다. 최초 대규모 해고 결정도 고위급 극소수만 공유한
것으로 알려졌다. 갑작스런 '이메일 해고'는 해고 방식의 의문을
더했다. 급기야 'AI 개입설'이 나왔다. HR에서 성과 평가와 보유 역량
계산을 위해 쓰는 알고리즘을 역이용하면 되기 때문이다. 2008년 금융
위기 이후 HR은 빠르게 데이터 중심이 됐다. 구글은 부인했지만 구글은
문제 해결 방식으로 알고리즘을 신봉한다. 미국의 한 여론 조사에서
인사 담당자들의 98퍼센트가 알고리즘 해고 방식을 지지하며 의혹은
커지고 있다.

투자자 자본주의

구글의 대해고는 경영진의 단독 결정이 아니다. 구글의 알파벳에
60억 달러 지분을 보유한 TCI 캐피털 펀드 매니지먼트는 지난 2022년
11월부터 해고를 압박했다. TCI는 대해고 이후에도 추가 서한을 보내
수천 명의 추가 해고와 임금 삭감을 요구했다. 감원은 쉬운 방식이지만
서비스의 질에 치명적이다. 트위터는 대규모 감원 이후 올해 10여 차례
접속 장애를 일으켰다. 핵심 기술팀들의 팀별 인원은 많아야 한 명으로
알려졌다. 구글 역시 클라우드 서비스에 타격이 있을 수 있다. 투자자를
달래려다 직원이 아닌 소비자까지 잃을지 모른다.

IT MATTERS

실리콘밸리는 능력주의의 표상이었다. 고용 시장 유연성이 높아

성과에 따른 해고도 쉬웠다. 그렇다면 대해고가 자꾸 회자되는 이유는 뭘까? 직속 상사와 일대일 미팅 후 퇴직 처우를 설명하는 통상 절차도 거치지 않은 곳이 많았기 때문이다. 구글 밈젠의 경구는 대외적 어려움 앞에 신뢰를 저버린 기업의 태도를 파고든다. 성장의 시대에 쌓았던 빅테크의 노사 관계는 투자자와 시장 변화에 무너져 내렸다. 사람에 대한 존중이 부재했다.

한국 기업들은 실리콘밸리를 꿈꿨다. 구글, 넷플릭스처럼 동료 평가를 도입하기도, '스크래피'한 문화를 강조하기도 했다. 다만 입시 때부터 무한 경쟁에 노출되는 한국 사회, 정리 해고 요건이 까다로운 한국엔 어울리는 방식이 아니다. 한국의 숱한 권고사직 브이로그는 대외적 어려움에 노출된 기업과 취업 경쟁을 뚫고 온 근로자 사이 지켜야 할 최소한을 묻고 있다.

정부가 내놓았다가 MZ세대의 반발로 보류한 노동 시간 개편안은 노사 관계에 악영향을 미칠 것으로 보인다. 개편안은 근로 시간을 주 52시간에서 최대 69시간까지 허용하는 게 골자다. 몰아 일하고 연차를 저축해 쓰는 '근로 시간 저축 계좌제'도 담겼다. 일한 뒤 11시간 연속 휴식도 보장된다. 직종에 따라서는 일견 노사 모두 만족할 해법으로 보이지만 해결되지 않은 노사 간의 불신은 '원할 때 쉴 수 있을까?'라는 의문을 남긴다. ●

생산직 노동자와 중소기업의 입장은 또 다르니 참고해야 해

05 산불이 만드는 악의 고리

지난 3월 12일, 제주들불축제가 반쪽짜리 축제로 막을 내렸다. 축제의
백미로 꼽히는 '오름 불놓기'를 하지 못한 것이다. 당초 제주시는
방문자 30만 명을 목표로 했지만, 결과는 4분의 1인 7만 9000여 명에
그쳤다. 한때 제주 최고의 관광 행사였지만 실패로 끝나버린 들불 축제,
이유는 산불 우려 때문이었다. ＿ 신아람 에디터

WHY NOW

기후 위기로 전통은 지켜야 할 것에서 바꿔야 할 것으로 변화했다.
변화해야 할 것은 전통뿐만이 아니다. 산불이 만들어내는 강력한
재난의 고리를 끊어내기 위해서는 정책의 방향도 바뀌어야 한다.
지금까지 인류가 저지른 선택이 쌓이고 쌓여 걷잡을 수 없는 불길로
번졌다. 진화에 나서기 전, 망설일 이유도 시간도 없다.

200억 원짜리 풍습

목축업을 생업으로 삼았던 제주에는 해묵은 풀과 해충을 없애기 위해
봄이 오기 전 들판에 불을 놓는 풍습이 있었다. 이 풍습이 축제가
되었다. 그런데 축제를 즐기기에 겨울은 너무 추웠다. 비바람도
잦았다. 그래서 제주도는 2013년부터 축제 시기를 봄으로 옮긴다.
추위와 비바람 없이 축제를 즐길 수 있게 되었다. 광활한 오름이 활활
타오르는 장관 덕에 인파가 몰렸다. 제주시에 따르면 축제 기간 방문객
수는 평균 30만 명, 경제적 효과는 200억 원이 넘는다. 문화체육관광부
선정 최우수 축제라는 훈장도 달았다.

불 꺼진 들불축제

그런데 이 축제가 민폐가 되었다. 인파를 모으기 위해 시기를 봄철로
옮겼는데, 봄은 꽃의 계절이 아니라 산불의 계절이다. 공식적으로
그렇다. 각 지자체 등이 정하는 봄철 산불조심기간이 매년 2월 1일부터
5월 15일까지다. 지난 3월 11일에도 경남 하동 지리산 자락에 큰
산불이 났다. 결국 산불 경보가 경계 단계로 오르면서 오름에 불을

놓을 수 없게 되었다.

하긴 축제 때문에 산불이 나면 정말 큰일이겠지!!

뉴노멀, 축제의 조건

기후 위기 시대, 뉴노멀의 정의에 따르면 들불축제는 더 이상 축제일
수 없다. 축제를 벌이다 산불이 날 수 있다는 지적이 나온 지 오래다.
환경 단체는 탄소 배출과 생태계 파괴 등을 문제로 삼는다. 그런데도
제주도는 망설일 수밖에 없다. 돈 때문이다. 관광으로 먹고사는
제주도에서 가장 큰 축제 중 하나인 들불축제를 없애면 당장 도민들의
생계에 타격이 생길 수 있다. 오영훈 제주도지사는 들불축제에
'대전환'이 필요하다는 입장을 밝혔지만, 대전환이 현실이 되려면 불
없이도 관광객을 끌어들일 대책부터 필요하다.

논밭의 불씨

올해의 축제는 멈췄지만, 여전히 들불은 산불이 되고 있다. 축제가
아닌 일상의 얘기다. 산림과 인접한 전국의 농촌 지역에서는 여전히
논두렁, 밭두렁을 태우고 있다. 우리나라 산불 발생 원인 1위는
산에 오른 사람이 실수로 불을 내는 경우다. 막을 방법은 입산 금지
외에는 별달리 없다. 2위가 바로 논이나 밭을 태우다가 불씨가 번져
산불이 되는 경우다. 전체의 15퍼센트에 달한다. 이는 막을 수 있다.
논밭에서 불을 다루지 않도록 규제하면 된다. 실제로 지난해 개정된
산림보호법에 따르면 산림으로부터 100미터 내 토지에서 불을 피우다
적발될 경우 최대 100만 원의 과태료를 부과할 수 있도록 했다. 농촌
지역의 관습인 만큼 단속은 계도 중심으로 이루어져 왔지만, 올해

산림청은 무관용 원칙을 공식적으로 발표했다.

단호한 이유

고령화하고 있는 농촌의 현실을 생각하면 정부의 무관용 원칙이 과해 보일 수 있다. 그런데 정부가 이렇게 나설만한 이유가 있다. 산불이 진화하고 있기 때문이다. 불이 더 쉽게 나고, 더 오래 지속된다. 작년 울진-삼척 산불은 무려 2주 가까이 지속되며 2만 헥타르가 넘는 숲을 파괴했다. 같은 해 강릉-동해 산불도 5일 동안 4000헥타르 넘게 태웠다. 원인은 기후 변화다. 온난화로 인해 봄이 점점 덥고 건조해지고 있다. 불이 나기 좋은 환경이다. 강풍이 발생하는 시기도 당겨진다. 한번 불이 붙으면 더 빠르게 번진다.

 맞아, 뉴스에서 밭을 태우다가 산불로 번졌다는 소식이 종종 나오잖아

범인은 쓰레기장

문제는 정부 방침이 근본적인 원인을 제거하지 못한다는 점이다. 농촌에 필요한 것은 처벌이 아니라 쓰레기장이기 때문이다. 농촌 마을은 인구 밀도가 낮다. 그래서 쓰레기장이 상대적으로 멀다. 고령의 주민들 입장에서는 추수가 끝난 후 무거운 영농 쓰레기를 몇 시간씩 걸어 매번 운반하는 것이 물리적으로 무척 고된 일이다. 종량제 봉투 가격도 부담된다. 폐비닐 배출 장소도 마을에 하나뿐인 경우가 많다. 그나마 수거는 1년에 한 번이다. 그래서 농촌에서는 쓰레기를 가구별로 태우는 경우가 많다. 산불에 무심해서가 아니다. 엘리베이터만 타면 바로 닿을 수 있는 쓰레기 수거장이 없어서다.

정부의 탄소 감수성

더욱더 근본적인 해법은 바로 온난화 자체를 늦추는 것이다.
그러나 우리 정부의 기후 정책은 이미 유턴 신호를 받았다. 당초
30퍼센트였던 2030년 재생에너지 발전 비중 목표치는 21.6퍼센트로
하향 조정되었다. 2022년 10월 기준 OECD 회원국 평균은 33퍼센트다.
이래서는 우리 숲에 매년 봄 더 거세고 건조한 바람이 불 수밖에 없다.

©사진: studio023

IT MATTERS

산불은 홍수나 가뭄과 같은 여타 기후 재난과 달리 그 자체로 강력한
기후 위기의 고리를 만들어낸다. 메커니즘은 간단하다. 산불이 나면
엄청난 양의 탄소가 배출된다. 이는 지구 온난화의 원인이 된다. 지구가
더워지면 산불 발생 가능성이 커진다. 그리고 다시 산불이 난다. 끝나지
않는 도돌이표의 비극이다.

　　게다가 산불은 경제적 기반도 흔든다. 산촌의 이재민 이야기가
아니다. 도시에 사는 우리의 문제다. 재닛 옐런 미국 재무장관은

산불이나 토네이도 등 기후 재난으로 인해 금융 시스템에 충격이 올 수 있다고 경고한 바 있다. 이미 보험사들은 기후 재난으로 인해 보험료율을 올리거나 일부 상품 판매를 중단하고 있다. 은행도 망하는 시대, 기후 위기는 이미 세계 경제에 위험변수로 작용하고 있다.

UN은 이미 보고서를 통해 전 세계적으로 대형 산불이 증가하리라 예측했다. 2050년까지 무려 30퍼센트가 증가할 전망이다. 그러나 우리의 대책은 여전히 '임시' 방편이다. 산불의 예방과 진화를 위해 1년에 5개월만 고용되는 2만여 명의 '임시직' 전문 인력처럼 말이다. 문제의 본질부터, 근본적인 해결책을 궁리해야 할 때이다. 그게 쓰레기장이든, 파격적인 탄소 감축 정책이든 가리지 않고 시도해야 한다. 불길은 산에서 솟아오르지만, 그 결과는 도농을 가리지 않고 함께 감당하게 된다. 지난 여름, 강남 한복판의 홍수처럼 말이다. ⓣ

탈ESG 물결이 미국에 퍼지고 있다. 현지 시간 3월 1일 공화당은 연금기금의 ESG 투자를 막는 결의안을 상원에 통과시켰다. 연기금이 투자처를 검토할 때 ESG 요소를 "우선적으로 고려하는 것"을 막는다. 이에 바이든 대통령은 거부권을 행사하겠다고 밝혔다. 공화당은 ESG의 개입으로 투자가 정치화됐다고 비판한다. 투자의 기준은 다른 무엇도 아닌 수익이어야 한다는 주장이다. __ 이다혜 에디터 국민의 돈을 수익성이 확실치 않은 곳에 투자하는 것이 정당한가?
공화당의 태클은 연기금의 역할과 의미에 질문을 던진다. 연금의
미래가 불투명한 한국에게도 유효한 질문이다. 국민연금은 지난해
최악의 운용 수익률을 기록했다. 운용 자산 규모도 900조 원 아래로
떨어졌다. 그럼에도 ESG 투자는 계속되고 있다. 연금 고갈을 앞둔
국민에게 ESG는 유효한 논제인가.

©사진: momius

배후의 손

ESG의 배후엔 투자계의 큰손인 연기금이 있다. 국제 사회와 연기금의
압박으로 세계 기업들은 속속들이 ESG 물결에 올라탔다. 전 세계 ESG
자산은 35조 달러를 넘어섰다. 1위는 미국이다. 근 몇 년 급성장세를
보였고 자산 보유액 20조 달러를 돌파했다. BRT는 이해관계자
자본주의를 선언했다. 민주당은 ESG 투자의 비전을 강조했다. 기세를
몰아 지난해 11월, 미 노동부는 연기금이 투자 시 ESG를 고려할 수
있도록 했다. 트럼프 전 대통령의 "연기금은 투자 시 수익성을 최우선

가치로 고려해야 한다"라는 기존 규정을 엎은 것이다.

탈ESG 러시

그런데 미국은 왜 지금 탈ESG로 돌아섰나. 사실 공화당은 몇 년 전부터 ESG가 자유 시장 논리를 해친다고 비판해 왔다. 일례로 론 드산티스가 주지사로 있는 플로리다는 이미 지난해 8월 연기금 펀드매니저들이 투자 과정에 ESG를 포함시킬 수 없게 했다. 드산티스는 "ESG는 플로리다에 도착하자마자 죽었다"고 선언했다. 게다가 2022년은 격변의 해였다. 전쟁이 터졌고 경기가 불안정해졌다. ESG 펀드가 5년 만에 처음으로 비ESG 펀드에 뒤처졌다. 공화당에게 호재였다.

공화당과 민주당 사이

기업은 ESG와 탈ESG 사이 방황하고 있다. 글로벌 감시는 물론 미국 내 양당의 눈치를 살펴야 한다. 일례로 텍사스주는 지난해 석유 사업을 보호하는 에너지 차별 철폐법을 시행했다. 석유 산업과 거래를 거부하는 기업은 사업 일부가 제한된다. 이에 글로벌 투자운용사 블랙록(Blackrock)은 텍사스 공화당원들로부터 "그린을 표방한다"고 비판받으며 수십 억 달러의 벌금을 지불하게 됐다. 2024 대선 후보로 등록한 억만장자 비벡 라마스와미 또한 ESG의 개입을 비판하며 '비정치적인' 기업 운영을 강조한다.

연기금의 사정

ESG 기업에 투자하는 기관은 많은데 공화당은 왜 하필 연기금을 때릴까? 연금은 공공의 것이기 때문이다. 1억 5000만 국민이 납부하는 세금을 담보로 한다. 그만큼 지지층을 결집하기 쉽고 이는 수익성과 이어질 때 더 민감하다. 연기금의 사정은 넉넉지 않다. 미국 연기금 부채는 2001년 이후 25퍼센트가량 증가했다. 손실은 지난해 기준 1조 4500억 달러에 달한다. 바이든 정부는 지난 12월 노동자 연금에 무려 360억 달러를 수혈했다. 연기금 지원으로 미국 사상 최대 규모다. ESG 펀드 때문에 연기금 수익성이 낮아진다는 명제는 사실일까? 보스턴대학교 은퇴연구소가 미국 176개 연기금을 대상으로 조사한 결과 그중 3분의 2는 ESG 투자의 의무가 주어졌고, 수익은 연간 2bp 감소했다.

당장의 수익성을 생각한다면 ESG 투자가 밀리는구나ㅜㅜ

한국의 ESG

한국 상황도 크게 다르지 않다. 국내 ESG 채권 시장은 2019년 1조 6300억 원에서 2021년에는 24조 9300억 원으로 빠르게 성장했다. 큰손은 당연히 국민연금이다. 2021년 5월엔 국민연금이 탈석탄을 선언하며 화력을 보탰다. 그런데 이 흐름이 지난해 뒤집혔다. 기준 금리 급상승으로 투자시장은 얼었고 ESG 회사채 발행량은 급감했다. 지난해 말 기준 12조 원으로, 전해 24조 원에 비해 절반이었다. 수익률도 떨어졌다. 우크라이나 전쟁으로 방산·석유 등의 기업 가치가 높아지며 ESG 투자는 반대로 손해를 봤다. 작년 말 기준 국내 기관이 운용하는 38개 녹색성장펀드의 평균 수익률은 -19.39퍼센트였다. 일반 채권펀드 수익률이 -1.36퍼센트였음을 감안하면 낮아도 너무 낮다.

ESG 투자의 딜레마

다만 ESG 투자는 세계 연기금의 흐름이다. 장기적인 수익성이나
리스크 관리 측면에서 낫다는 판단이다. 이 흐름을 국민연금만
역행하기란 어렵다. 국내 기업도 해외 자본이 끊기기 쉽다. 지난
2015년 포스코가 열대 우림에 임의로 불을 질러 농장을 개간했다는
의문이 제기됐다. 이에 세계 1위 국부펀드 노르웨이 연기금은 포스코에
투자를 중단했다. 네덜란드 연기금 또한 2018년 포스코 투자를
철회했으며 석탄 발전소를 운영하는 한국전력, 담배를 생산하는
KT&G에도 투자를 금했다.

ⓒ사진: Polarpx

IT MATTERS

모든 투자는 가치의 문제이고 연금도 마찬가지다. 2000년대 초반 미국
내 여러 주요 연기금은 담배, 술, 무기 회사 투자로부터 손을 뗐다.
수익성이 엄청난 사업인데도 그럴 수 있던 배경엔 죄악주에 투자하지
않는다는 암묵적인 사회적 합의가 있다. 현재까지 시위가 이어지는
프랑스 연기금 논란의 핵심은 법정 퇴직 연령을 62세에서 64세로

늦추는 것이다. 더 내는 것도, 덜 받는 것도 아닌 제3의 대책인데 청년층을 필두로 프랑스 국민들은 대거 반발했다. 연금은 단순히 세금을 걷어 노후를 보장하는 보험을 넘어, 한 사람이 살아가는 생애 주기를 만드는 삶의 모델이기 때문이다.

우리나라에서 국민연금은 무엇인가? 노후를 보장할 사회 보험인가, 생애 주기를 만드는 삶의 모델인가, 국가의 비전을 담은 가치 투자인가. 한국에선 사실상 어느 하나로도 충실히 기능하지 못하고 있다. 인구 절벽은 진행형이고 모두가 연금고갈론을 외친다. 기성 세대는 세대 간 형평성에 쉽게 답하지 못하고, 청년 세대는 가입 이유를 찾지 못하며, 연금에 대한 관심은 자연스레 줄어들고 있다.

더 내고 덜 받는 것이 답이라면 청년 세대를 설득할 키워드는 가치 투자에 있다. 국민연금의 수익률이 회복된다 해도 현재 수준으로는 1500조 원의 간극을 메우지 못한다. 비관론도 못 깬다. 반면 미래에 투자한다는 것은 연금과 ESG의 공통 가치다. 현재의 비용을 감수하면 추후 더 좋은 결과물로 돌려받는다. 청년 세대는 신념을 소비하는 시대에 태어났고 기후 위기와 부의 격차를 체감하는 온도가 다르다. 수익성 면에서도 ESG 투자는 장기적인 관점에서 높게 평가된다. 미국에서 가장 큰 연기금이자 세계 금융 시장을 주무르는 캘퍼스가 공격적으로 ESG 투자를 감행하는 이유도 그 때문이다. 국민연금이라는 오래된 사회계약론엔 새로운 설득이 필요하다. 그 핵심은 단기 수익이 아닌 미래 가치에 투자하는 것이다. ⓣ

간호법 제정안이 국회 본회의에 직회부됐다. 의사를 비롯한 의료인들의 반발이 만만치 않다. 지난 2월 26일, 대한의사협회를 비롯한 13개 보건의료 단체들은 '간호법·의료인 면허법 강행 처리 규탄 총궐기대회'를 개최했다. 이들은 간호법이 간호사라는 특정 직역만을 위한 법안이기 때문에 특혜이자 입법 과잉이라는 의견을 밝혔다. 의사들은 총파업까지 동원해 의사들은 본회의 표결을 막기 위해 총파업까지 동원했다. 간호협회도 지지부진한 간호법 제정이 이번에도 불발될 경우, 연대 파업에 나서겠다고 예고한 바 있다. 간호법이 논쟁거리가 되는 동안 의료계는 빠르게 황폐화하고 있다. __ 김혜림 에디터

WHY NOW

간호법을 둘러싼 의료계의 갈등은 국민의 안전이 아닌 직역 갈등의
문제가 됐다. 대중은 지겹고 이기적인 것으로 보이는 논의와 거리를
뒀다. 본질이 소모적인 갈등에 가까워질수록 위협 받는 건 국민의
안전이다. 이권 안에 갇힌 소통은 의료 시스템의 황폐화를 막을 수
없다. 해외의 빅테크는 이미 의료 서비스를 새로운 시장으로 본다.

업무 범위, 처우개선

간호법은 간호사의 업무 범위와 처우 개선 등을 담은 법안이다. 현행
의료법이 규정하는 간호사의 업무는 '의사의 지도하에 시행하는
진료의 보조'다. 이번에 직회부된 간호법 제정안의 1조는 현행
의료법의 업무 범위를 "의료 기관과 지역 사회"로 규정한다. 이외에도
간호 종합 계획을 5년마다 수립, 3년마다 실태 조사 실시, 적정 간호사
확보 및 배치의 의무, 처우 개선에 대한 기본 지침 제정 및 재원 확보
방안 마련 등의 내용이 담겼다.

체계 붕괴와 이기주의 사이

의료연대 등의 의사 단체에서 문제를 제기하는 부분은 '지역 사회'다.
해당 표현이 간호사의 업무 범위를 의료 기관 바깥으로 확장했다는
지적이다. 현행 의료법 제33조는 의료인은 의료 기관 바깥에서
의료업을 할 수 없다고 규정한다. 의사 단체들은 간호법이 간호사의
단독 개원 가능성까지 열어둔 것이라는 우려를 표한다. 간호법을
필두로 모든 직역의 개별법이 난립해 현행 보건 의료 체계가 붕괴할 수

있다는 우려도 크다. 각 직역에 대한 분리가 업무 범위 충돌로 이어질 것이라는 주장이다. 간호조무사 등의 타 직역도 간호사만을 위한 단독 법안 제정에 반발하고 있다. 논점은 간호법 내부에 갇히지 않는다. 특정 직역의 권리를 규정하는 법안은 직역 이기주의이며, 이는 결국 모든 직역 간의 갈등을 초래할 것이라는 담론으로 이어진다.

간호법, 동상이몽

법안을 향해 제기되는 우려와 당위성은 극명히 갈린다. 대한간호협회는 간호법이 고령화 시대에 대비하기 위한 필수 조건이라고 주장한다. 치료를 넘어 지역 사회에서 치매 등의 만성 질환을 관리하고, 이를 감당할 수 있는 통합 돌봄 시스템이 필요하다는 논지다. 논란이 되는 간호사의 업무 범위는 의사의 처방하에 진행된다는 점에서 현행 의료법과 큰 차이를 보이지 않는다고 주장한다. 각각이 내세우는 근거도 갈린다. 간호협회는 OECD 33개국이 간호법을 갖고 있다고 주장하지만, 의협은 OECD 회원국 중 독립적인 간호법을 가진 국가가 11개국에 불과하다고 말한다. 의협의 기준은 간호법이 다른 의료법과 완전히 분리됐는지의 여부였고, 간협의 기준은 간호사의 업무와 책임을 독립적으로 규율하고 있는지였다. 숫자 하나에도 각자의 기준이 다르다.

간호사와 의사, 내세우는 근거가 제각각이네

부족한 간호사

간호법에서 논란이 되는 내용인 업무 범위 규정과 처우 개선은 간호계에 산재한 내부 문제와도 멀지 않다. 한국 종합 병원에서 간호사한 명은 16.3명의 환자를 담당한다. 일반 병원은 43.6명에 달한다. OECD 평균이 6~8명 수준인 것을 감안하면 비정상적으로 높은 수치다. 최근 세브란스 병원은 의료계 최초로 주 4일제 시범 사업에 착수했다. 열악한 업무 환경, 삶과 병행하기 어려운 업무 강도 등으로 인한 고질적인 간호사 인력난이 그 이유였다. 간호사의 평균 근무 연수는 7년 5개월 수준이다. 이는 숙련 간호사의 품귀 현상으로도 드러난다.

©사진: Wild Awake

부족한 의사

환자를 위협하는 것은 사라지는 간호사만이 아니다. 의사 인력난, 필수 의료 기피 등도 심각한 문제다. 현재 간호법과 함께 논란의 여지가 일고 있는 '의사 면허 취소법'은 의사가 금고 이상의 형을 선고받으면 면허를 취소하는 내용이 담긴 개정안이다. 의사 단체는 의사 면허 취소법이 환자의 생명을 다루는 필수 의료 분야 종사자들의 소극적인 진료로 이어질 것이며, 결국 필수 의료 기피 현상으로 이어질 것이라 주장한다. 부족한 의사는 불법 행위로 이어지기까지 한다. PA간호사는 진료 보조 인력으로 전공의 업무 일부를 처리한다. 문제는 국내 PA간호사의 존재 자체가 의료법 위반이라는 것이다. 부족한 의사, 모호한 간호사의 업무 등이 회색지대가 된 PA간호사의 존재 이유다. 2023년 2월, 삼성서울병원은 PA간호사의 채용 공고를 냈다가 병원장이 의료법 위반으로 고발되기도 했다.

미온적인 행정부, 독선적인 입법부

더불어민주당이 9개월간 법사위에 계류하던 간호법을 국회에 직회부하며 본격적인 갈등이 가시화했다. 간호법 제정안이 국회에 발의된 이후 갈등은 계속됐으나 보건복지부는 미온적이었다. 지난 2월 9일, 조규홍 보건복지부 장관이 '조금 더 협의해야 할 것'이라는 입장을 밝혔을 뿐, 행정부 차원에서 간호법을 설명하거나 여론을 수용하는 시도는 없었다. 행정부와 달리, 입법부는 독선적이었다. 더불어민주당은 '노란봉투법', '양곡관리법' 등의 쟁점화된 법안들을 본회의에 직회부하거나 그럴 뜻을 밝혔다. 정부와 여당은 직회부 된 법안에 대해 대통령 거부권 행사를 기정사실화하고 있다. 지난 2월 10일, 국민의힘 소속 법사위 위원들은 간호법 등 법안의 직회부 결정에 윤석열 대통령이 거부권 행사를 검토할 수 있다고 밝혔다.

조용히 무너지는 병원

간호법을 둘러싸고 입법부의 의견이 나뉘면서 의사와 간호사의 파업은 예견된 사태가 됐다. 필수 의료의 공백 대책을 논의하기 위해 출범한 의정 협의체도 간호법을 둘러싼 논란으로 인해 파행을 겪고 있다. 주요 쟁점이었던 비대면 진료에 대한 논의도 이어지지 못하는 상황이다.

의료계 내부의 상황은 심각하다. 보건복지부의 자료에 따르면 지난해 11월 전국의 분만 산부인과는 584곳으로, 전년 대비 87곳 감소했다. 전국 226개 시군구의 30퍼센트에 해당하는 68곳에는 분만 산부인과가 단 한 곳도 없다. 충북 괴산군은 긴급 환자를 수용할 부인과가 없어 임산부 전담 구급대 서비스를 운영한다. 수도권의 공공 병원과 지방 병원에는 인턴 지원 미달 사태가 속출하고 있다. 의료 체계는 약한 곳부터 조용히, 빠르게 무너지고 있다. 직역 내 갈등, 정치계의 움직임이 몇 가지 논리에 갇힌 채 소란스러운 것과 대조적이다.

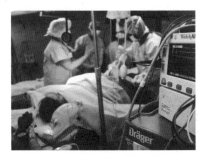

ⓒ사진: Richard Catabay

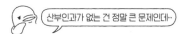

산부인과가 없는 건 정말 큰 문제인데…

IT MATTERS

상대에게 닿지 못하는 언어는 대중에게도 외면당한다. 의사가 정의한 간호법과 간호사가 정의한 간호법은 다른 모습이다. 간호조무사가 정의한 것과 의료계가 정의한 간호법도 마찬가지다. 이 소통의 장벽과 언어의 차이가 오랜 시간 동안 반복된 갈등을 고착화했다. 의사와 간호사, 의료계 모두가 파업이라는 카드를 만지작거린다. 이들의 갈등이 직역 간의 이해 다툼으로 비춰질 때 모든 논의는 빛을 바랜다. 의료계가 외치는 '더 나은 의료 체계'가 국민의 안전이라는 본질과 멀어진다면, 의료계 내부의 갈등이 국민과 의료계 사이의 갈등으로 비화할 수 있는 셈이다.

국민과 기존 의료계가 멀어지는 동안 빅테크는 공격적으로 의료계에 진출하고 있다. '오픈AI'의 CEO 샘 알트만은 AI 챗봇이 돌봄을 받을 수 없는 사람을 위해 의료 상담을 제공할 수 있을 것이라 챗GPT의 가능성을 열어 두었고, 아마존은 헬스 케어 서비스 업체인 '원 메디컬(One Medical)'을 3억 달러에 인수하며 일차 의료 서비스에 손을 뻗었다. 지금의 의료계가 바뀌지 않는다면 그 끝은 빅테크의 '서비스'일지 모른다. ❶

톡스에서 내 일과 삶을 변화시킬 레퍼런스를 발견해 보세요.
사물을 다르게 보고 다르게 생각하고 세상에 없던 걸 만들어 내는
혁신가를 인터뷰했어요.

미묘한 세대를 위한 애니메이션

전 세계 유튜브 조회 수 1위, '핑크퐁 아기상어'로 이름을 알린
더핑크퐁컴퍼니가 지난해 말부터 새로운 콘텐츠를 시도한다.
MZ세대를 공략한 물범 애니메이션, '씰룩'이다. 춤추고 수영하고
잠자는 물범들을 보고 있다면 인간 세계에선 누릴 수 없는 안전하고
행복한 기분에 빠져든다. 어른을 위한 애니메이션은 무엇이 다르고,
더핑크퐁컴퍼니는 어떤 확장을 꿈꾸나? 더핑크퐁컴퍼니 권빛나
사업전략총괄이사를 직접 만나 봤다. __ 이다혜 에디터

핑크퐁 아기상어로 유명한 기존 더핑크퐁컴퍼니 채널이 있다. 왜 새로운 채널을 만들었나?

일차 목표는 타깃 확장이다. 위로는 누구에게나 필요하다. 다들 잠들기 전에 하루를 돌아봤을 때 자신이 한 크고작은 실수들을 돌이키며 속상해하지 않나. 아이들뿐 아니라 누구에게나 '괜찮다'고 말해 줄 수 있는 콘텐츠를 만들고 싶었다. 'Silly(바보 같은)'에서 착안해 'We can be little Seally'를 내세웠다.

씰룩은 어떤 콘텐츠인가?

물범을 관찰하는 과몰입 콘셉트 애니메이션이다. 다양한 3D 물범 캐릭터들이 극지방을 살아가는 에피소드들을 담았다. 애니메이션 스튜디오 밀리언볼트와 함께 공개했다. 더핑크퐁컴퍼니가 캐릭터·음원·애니메이션을 결합한 사업화 전략 전반을 총괄하고, 밀리언볼트가 기획과 제작을 맡았다.

과몰입 콘셉트라는 게 재밌다. 페이크 다큐 형식의 인스타툰으로 처음 물범들을 소개했다.

경력 10년차 직장인이 퇴사하고 인간 세계로부터 가장 먼 곳으로 떠난다. 극지방이다. 그런데 어느 날 누군가 그의 얼음집 문을 두드린다. 씰룩에 등장하는 물범들이다. 일과 삶에 지친 직장인이 물범들의 바보같은 행동들을 보며 힐링하는 시점이다. 씰룩 세계관에 대한 설명은 이 계정으로 보충한다. 관찰자 시점에서 물범 세계의 비하인드, 유머러스한 물범 일러스트 등을 올리고 있다. 캐릭터 도감

형식의 게시물도 준비 중이다.

타깃을 MZ로 하며 기존 애니메이션에 비해 무엇이 달라졌나.

콘텐츠 호흡을 짧게 했다. 한 편이 90초 분량이다. 짧은 시간 안에도
재밌는 서사를 충분히 보여줄 수 있다는 확신이 있었다. 숏폼에 익숙한
세대를 공략했고, 이는 지표로도 드러난다. 틱톡 계정은 유튜브 채널
개설 이후에 만들었는데, 모객 속도는 압도적으로 빨랐다. 3월 7일
기준 틱톡 팔로워는 51만 명, 유튜브 구독자는 32만 명이다.

©사진: 더핑크퐁컴퍼니

포맷적으로는 어떤 시도를 하나.

소위 'MZ세대가 좋아하는' 트렌드에 탑승한 콘텐츠들은 여과없이
만들었다. ASMR 콘텐츠나 비트박스 영상 등이다. 신나는 EDM이
나오고 노란색 시바범이 거기에 맞춰 춤을 추는 1시간짜리 영상이
있다. 이건 어른들이 일할 때 BGM이 필요하면 유튜브를 틀어놓는

수요를 겨냥했다. 부분적으로도 세대를 공략한 요소들이 여기저기 숨어 있다. 아웃트로에서 구독을 누르라는 메시지를 넣을 때, 기존 채널과 달리 그 버튼이 엄청 빠르게 지나가서 못 누르게 만들었다. 게이미피케이션 요소를 넣어 청개구리 심리를 자극하고자 했다.

기존 제작한 애니메이션들과 달리 씰룩 캐릭터들은 말이 없다.

효율성이 가장 큰 장점이다. '핑크퐁', '아기상어' 등은 수십 개 언어로 더빙하거나 주요 국가용 채널을 따로 개설해야 했다. 씰룩은 그럴 필요 없다. 또 기존 기획 의도가 '고자극 일상에 쉼표 같은 콘텐츠를 선사하는 것'이었다. 언어의 장벽이 없으니 누구나 쉽게 위로받을 수 있다. 감정은 대사가 아닌 다른 요소로도 충분히 전할 수 있다. 예컨대 물범이 '엉' 소리를 낼 때, 그 사운드 안에서도 사실 감정선이 다 있다. (웃음)

대신 표정 묘사가 극도로 세밀하다. 사람보다 사람 같다.

씰룩은 성인을 타깃한 애니메이션이다. 그러다 보니 섬세하다. 키즈 콘텐츠는 모션이 크다. 아이들이 이야기를 잘 이해하고, 따라갈 수 있게끔 동작도 크고 화면 전환도 빠르게 한다. 반면 씰룩에선 디테일한 요소를 숨겨 놔서 오히려 그걸 발견하는 재미를 더했다. 예컨대 어떤 인트로에선 물범이 콧구멍을 벌렁거리는 모션이 있다. 아이들은 알아채기 어렵지만, 어른들은 그런 미묘한 움직임에서 반응한다.

©사진: 더핑크퐁컴퍼니

> 다 비슷하게 생긴 물범들인데 외모와 성격이 조금씩 다른 게
> 매력이다.

MZ세대는 아이들보다 취향이 뾰족하고 구체적이다. '아기상어'와 같은
콘텐츠는 전 세계 누구나 아이라면 좋아할 만한 요소를 많이 넣었다.
구분하기 쉬운 화려한 색감의 캐릭터, 따라하기 쉬운 율동 등이다.
반대로 씰룩의 물범들은 자세히 보지 않으면 누가 누구인지, 다른
에피소드와 어떻게 이어지는지 놓치기 쉽다. 비슷한 물범들 중에서도
내가 더 마음 가는 캐릭터에게 몰입할 수 있도록 만들었다. 물범에
달린 태그 넘버로 캐릭터를 기억하거나 팬심을 밝히고, 몇 번 물범의
에피소드를 더 만들어 달라는 요청도 댓글로 종종 달린다.

> 키즈 콘텐츠와 달리 반응도 즉각적이겠다. 플랫폼 사용이 익숙한
> 세대와 소통하는 것 아닌가.

각 채널의 실시간 반응을 모니터링하고 있고, 콘텐츠 제작 시에도

많이 참고한다. 유튜브의 '커뮤니티' 탭에서 씰룩의 물범 다섯 마리를 올려 두고 인기 투표를 진행한 적 있다. 내 최애는 가장 귀엽다 생각한 '뚱범(Chubby Seal)'이었고 다른 사람들 눈에도 뚱범이 1위일 거라 생각했다. 예상과 달리 1위는 아기범(Baby Seal)이었다. 내부적으로는 아기범을 처음 제작할 때 미워 보이진 않을지 고민이 많았던 터라 구독자 반응이 의외였다. 최근 '평범'이라는 이름의 캐릭터가 등장하는 에피소드도 두 편 릴리즈했는데 반응이 좋아 어떻게 다음 에피소드에 녹일지 고민 중이다. 초기 캐릭터는 팀의 아이디어와 토의에서 나오지만 그 캐릭터를 디벨롭하는 과정에선 팬덤의 반응이 중요한 지표가 된다.

이외에도 기획할 때 염두에 두는 게 있는지 궁금하다.

문화권에 따라 취향이 탈 수 있는 요소는 선을 지킨다. 다 같이 공감되는 포인트를 만들고, 과도한 B급 감성은 지양하고 있다. 감수 과정에서 최우선적으로 검토하는 것은 누군가를 비하하는 요소가 없는지다. 이건 키즈 콘텐츠에서도 마찬가지다. 더핑크퐁컴퍼니 차원에서 문화 감수 TF도 따로 두고 있다. 코미디라는 장르 특성상 재미와 상처는 한 끗 차이다. 적절한 농도의 웃음과 위로를 줄 수 있는 게 진짜 코믹의 정수라 생각한다.

채널 확장 계획도 있는지?

게임이나 장편 콘텐츠, 음원 사업 등 콘텐츠적인 가능성은 당연히 열어 두고 있다. 참여형 콘텐츠들도 더 디벨롭할 예정이다. 예를 들어 AR 기술을 통해 유저 얼굴에 맞춰, 사진과 영상을 찍어 공유할 수 있는 필터 개발을 고려하고 있다. 이외에도 카카오톡 이모티콘이나 팝업 스토어 등 온오프라인 굿즈들도 제작을 염두하고 있다. 포맷 차원의 확장을 넘어 더핑크퐁컴퍼니가 키즈 패밀리 IP 외에 다른 것도 잘한다는 것을 보여 드리고 싶다.

©사진: 더핑크퐁컴퍼니

사람들의 마음을 움직이는 콘텐츠의 비결은 무엇일까.

디지털 네이티브 세대는 곧 소통의 세대다. 내가 무언가에 참여한다는 효용감, 팬덤으로서 이 콘텐츠를 함께 만들어간다는 만족감이 중요하다. 핑크퐁이 잘하는 건 사람들이 원하는 방향이 뭔지를 캐치하는 것이다. 반응이 좋은 콘텐츠는 그게 왜 공감되는지 정답을 찾고 그걸 디벨롭한다. 지역별 조회 수나 댓글, 좋아요 수 등 데이터가 주는 의미를 파고든다. 정형화되지 않은 캐릭터들을 통해 이 세대의 미묘한 취향을 읽어나가고 싶다.

더핑크퐁컴퍼니가 계획하는 최종 목표가 무엇인지 궁금하다.

온오프라인 할 것 없이 접점을 넓히며 팬덤을 만나는 것이다. 어릴 때 아기상어를 보고 자랐다면, 어른이 되어선 씰룩을 보며 함께 힐링할 수 있다면 좋겠다. ☏

롱리드는 단편 소설 분량의 지식 콘텐츠예요. 깊이 있는 정보를 담아요.
내러티브가 풍성해 읽는 재미가 있어요.
세계적인 작가들의 고유한 관점과 통찰을 만나요.

"때로는 공중전화가 생명줄이 된다." 물에 빠져 어찌할 도리 없이
허우적대는 사람에게 던지는 밧줄은 한 사람의 손과 다른 사람의 손을
연결해준다. 공중전화 부스에 연결된 전화선은 한 사람의 목소리와
다른 사람의 목소리를 연결해준다. 사람들을 서로 연결하는 것은 그
자체만으로도 사람을 살리는 행위가 될 수 있다.

_ 소피 엘름허스트(Sophie Elmhirst)

2018년 뤼미에르 런던(Lumiere London) 아트 페스티벌의 일환으로 금붕어가
헤엄치는 수족관으로 개조된 브리티시텔레콤의 공중전화 부스 ⓒ사진: Stephen Chung

영국적인, 너무나 영국적인 전화 부스

우리 동네의 길거리 위쪽에는 공중전화 부스가 하나 있었다. 교통섬
한가운데에 있었는데, 그 곁에는 쓰레기통과 신호등, 그리고 차량
진입 방지 기둥이 있었다. 나는 그 공중전화 부스의 존재에 대해서
단 한 번도 의문을 가져본 적이 없었다. 쓰레기통이나 신호등, 기둥의
존재에 대하여 의문을 가지지 않았던 것과 마찬가지였다. 그곳을
지나칠 때면 나는 딸과 함께 종종 공중전화 부스 게임을 하곤 했다.
참고로 그 전화기는 동작을 하지 않았다. 내가 그곳의 한쪽에 서서
공중전화의 번호로 전화를 거는 흉내를 내면, 딸이 그 전화를 받는
흉내를 냈다. 그리고 여러 차례의 전화 통화를 하면서 전화기로 할 수
있는 여러 복잡한 일을 하곤 했다. 예를 들자면 우리는 전화로 약속을
했다가 다시 그 약속을 바꾸었으며, 그리고는 내 딸이 약속했던 사람들
모두에게 다시 일일이 전화를 걸어서 자신이 늦을 것 같다고 이야기를

하는 식이었다.

공중전화 부스 게임은 재미있었다. 그리고 이 게임을 하지 않고는 그 전화 부스를 지나치기가 어려워졌다. 딸아이에게 있어서 그 전화 부스는 최고의 장난감이었다. 일단 그것은 실제 전화 부스였고, 한때는 어른들이 진지하게 사용하던 물건이었다. 하지만 이제는 더 이상 작동하지 않았기 때문에 아이는 이를 이용해 자신만의 상상력을 펼칠 수 있었다. 전화 부스는 또한 매우 특이한 매력을 갖고 있었다. 거대한 전화기가 길거리 한복판에서 자신만의 작은 공간을 차지하고 있다는 것이 전혀 말이 되지 않았기 때문이다. 딸아이에게 있어서 전화기라는 것은 작고 반짝거리는 직사각형의 물건이었고, 나의 코트 주머니 안에 들어있는 것이었다. 실외의 작은 공간에 끈이 연결되어 있고 찰칵거리며 통통한 버튼이 달린 수화기가 놓인 공중전화는, 마치 하늘에서 내려오기라도 한 것처럼 아주 재미있고도 신비로운 것이었다.

여러분이 살고 있는 도시나 마을, 동네에서도 공중전화를 볼 수 있을 것이다. 최후의 공중전화 부스들 말이다. 일단 그 존재를 인식하게 되면, 공중전화는 어디에서든 여러분 눈에 들어올 것이다. 나는 한동안 뭔가 어색한 공중전화의 존재감에 사로잡혀 있었다. 그들은 거리의 모퉁이에 완전히 무시된 채로 자랑스럽게 서 있는 경우가 많았다. 공중전화가 한창 인기를 누렸던 1990년대 중반에만 하더라도, 영국에서 공중전화 부스의 개수는 약 10만 대에 달했다. 현재 남아 있는 공중전화 부스는 2만여 대에 불과한데, 실제로 그걸 사용하는 사람들이 있다는 사실을 상상하기는 쉽지 않다. 따라서 2만여 대라는 숫자는 꽤나 많아 보인다. 그런데 사실 공중전화는 많이 사용되고 있다. 영국의 방송통신규제기관인 오프콤(Ofcom)에 따르면, 영국에서는 매년 500만 건의 통화가 공중전화에서 걸려온다. 500만 건이라니! 불가능한 수치로 보인다. 나는 분명히 아무도 없는 어느 공중전화 부스에서 어떤 남자가 하루 종일 강박적으로 아무 번호나 눌러서 1분 정도의 통화를 하는 게 틀림없다고 생각했다. 그렇게 생각할 만큼 많은 수치였다.

여러분이 지금도 볼 수 있는 전화 부스들의 상당수는 예전의 모습을 간직한 껍데기들일 뿐이다. 더 이상 작동하지 않지만, 아직 사라지지는 않은 존재들이다. 예전의 바로 그 자리에 과거의 유물로 남아, 이제는 그저 쓰레기통으로 사용되는 경우가 많다. 일부는 용도가 바뀌기도 했다. 브리티시텔레콤(BT)이 '전화 부스 입양(Adopt a Kiosk)' 프로그램을 시작한 2008년 이후로 7000개 이상의 공중전화 부스가 개당 1파운드의 가격에 지역사회에 매각되었다. 대부분 낡은 붉은색 전화 부스였다. 그렇게 매각된 전화 부스들은 현재 미니 도서관, 미술 갤러리, 식물 전시실 같은 용도로 활용되고 있다. 그리고 상당수의 전화 부스에는 제세동기가 구비되어 있어서, 응급 상황에서 즉시 사용할 수 있다.

살아남은 전화 부스들은 영국이 스스로 생각하는 영국의 이미지의 특별한 부분이다. 옥스퍼드 스트리트(Oxford Street)에 있는 어느 기념품 가게를 지나가면서 살펴보니, 그곳의 전면 진열대에는 빨간색 전화 부스의 모형들이 전시되어 있었다. 그리고 그 옆에는 이층 버스, 검은색 택시, 구식 우체통과 같은 아이템들이 나란히 놓여 있었다. 이들은 모두 에니드 블라이튼(Enid Blyton)의 동화책에서 볼 수 있을 법한, 영국을 대표하는 상징들이었다. 솔퍼드대학교(Salford University)의 전기통신학 교수이자 영국 최고의 전화 부스 전문가라고 할 수 있는 나이절 린지(Nigel Linge)는 이렇게 말한다. "만약 당신이 영국의 시골 풍경을 그린다면, 거기에는 오리가 헤엄치는 연못, 교회, 펍(pub)이 있을 것이고, 당연히 공중전화 부스도 있을 거라고 저는 생각합니다." 린지의 머릿속에 공중전화와 관련한 최초의 기억은 그가 살던 카운티 더럼(County Durham)의 윌링턴(Willington)이라는 탄광촌 주거 단지에서 공중전화를 이용해 친척들에게 전화를 걸던 일이었다. 그의 가족은 1980년대까지도 집에 전화기가 없었다. "우리 영국만큼 공중전화 부스에 대해서 많은 열정을 가진 나라는 없을 거라고 생각합니다." 린지는 이야기한다.

이처럼 있음직하지 않은 열정을 이해하기 위하여, 나는 지나가면서 발견하는 모든 전화 부스들의 안쪽에 들어가 보기 시작했다. 그 안쪽에는 일반적으로 깨진 유리 조각과 버려진 음료수 캔들이 있었고, 소변임에 틀림없는 냄새가 났다. 좋아할 만한 것은 거의 없었다. 캠든(Camden)에 있는 어느 낡은 붉은색 전화 부스는 부서져 있었다. 문짝도 없었고 바닥에는 플라스틱 병과 갈색의 낙엽이 깔려 있었으며, 금발 미녀를 광고하는 유리창에는 손으로 쓴 쪽지가 붙어 있었다. 나는 수화기를 들어서 귀를 대어 보았다. 그러자 놀랍게도 전화를 걸 수 있다고 알려주는 기다란 통화 대기음이 들렸다. 아주 오래된 소리였다. 그러자 청소년기였던 1990년대 중반의 기억들이 한꺼번에 밀려들었다. 당시에 나는 친구들과 약속을 정하기 위해서 공중전화를 아주 많이 이용했다. 버스정류장 근처나 지하철역의 바깥에는 공중전화 부스들이 있었다. 가끔은 수신자 부담 전화를 거는 경우도 있었다. 뭔가 문제가 생겼을 때나 데리러 와 달라는 부탁을 할 때처럼 도움을 요청하는 상황이었다.

이제 공중전화 부스는 실존과 과거의 사이에 끼어있는 물체가 되었다. 지금의 공중전화 부스는 쓸모가 없어 보이지만, 그것은 우리의 길거리와 문화 속에서는 여전히 버티고 서있다. 아델(Adele)의 노래인 '헬로(Hello)'의 뮤직비디오에서는 덩굴에 뒤덮인 채로, 원 디렉션(One Direction)이 2012년에 발표한 정규앨범 〈테이크 미 홈(Take Me Home)〉의 커버에서는 멤버들 모두가 기어오르는 대상으로,

프리티리틀씽(PrettyLittleThing)이 선보인 최근의 광고에서는 베이지색 반바지와 조끼를 입은 몰리-메이 헤이그(Molly-Mae Hague)가 쓰다듬고 있는 모습으로 등장한다. 린지는 "많은 젊은이들이 전화 부스 근처에서 사진을 찍고 싶어 하는 것 같다"고 말하기도 했다. 그런데 지금도 수천 명의 사람들이 여전히 공중전화를 사용하는 것으로 보인다. 나는 그들이 누구이며 그 이유가 무엇인지를 알고 싶었다. 그리고 이미 오래전부터 스마트폰 하나만으로도 공중전화 부스가 제공할 수 있는 모든 기능은 물론 그 이상을 누릴 수 있는, 기술이 발전한 요즘 같은 시대에도 여전히 그 기이하고 육중한 문을 굳이 힘겹게 열고 들어가서 전화를 걸게 되는 경우가 언제인지도 궁금했다.

공중전화 부스, 추억 그 너머

공중전화의 전성기를 기억하는 사람들은 그곳의 냄새에 대해서 이야기하곤 한다. 담배 냄새와 세척액 냄새, 버튼을 누르면서 손가락에 묻은 금속 냄새들 말이다. 한때 전화 부스 내부의 선반에는 전화번호부가 놓여 있었고, 문짝에는 성매매 전단지가 도배되어 있기도 했다. 전화기가 생겨난 초창기부터 1976년에 기존의 수동 교환기들이 완전히 사라지기 전까지는 수화기를 들어서 전화를 걸고자 하는 번호를 여성 교환수에게 말해야만 했다. 희한하게도 교환수는 늘 여성이었다.

공중전화 앞에 줄을 선 경우도 많았다. "전화를 걸기 위한 줄은 길모퉁이의 가게를 돌아서까지 이어졌습니다." 브리티시텔레콤이 폐기하는 오래된 전화 부스들을 수리하여 재판매하는 회사인 엑스투커넥트(X2 Connect)의 마틴 화이트(Martin White) 대표의 말이다. 나는 노팅엄셔(Nottinghamshire)의 뉴어크(Newark)에 있는 산업 단지 내에 위치한 회사 사무실에서 화이트를 만났다. 공중전화 부스의 숫자가 줄어들고 있다는 사실을 고려하면, 그의 비즈니스는 분명히 한계가 있었다. 화이트가 내게 말했다. "수천여 개가 추가로 폐기될 겁니다. 그런 다음에는 그걸로 모두 끝이겠죠." 화이트라면 공중전화로 전화를 거는 사람들이 누구인지를 확실히 알 것 같았다. 그런데 그렇지 않았다. 그 자신조차도 공중전화를 마지막으로 사용했던 것이 "6년 전쯤?"이라고 했다. 각각 38살, 36살인 그의 자녀들도 전화 부스 안에 들어가 본 적은 그가 아는 한 한 번도 없었다.

화이트의 회사 한쪽에 있는 넓은 공간에는 버려진 전화 부스들이 아수라장을 이루고 있었다. 화이트는 전화 부스를 새롭게 단장한 다음에 온갖 부류의 고객들에게 판매한다. 예를 들면 환자들의 지난 기억을 되살리고자 하는 양로원, 자택의 정원에 일종의 사회적 유산을 장식하고 싶어 하는 개인 고객들, 그리고 십대였을 때 자신의 아내에게 전화를 걸었던 전화 부스를 구입하려고 찾아 나선 노인처럼 향수에 젖은 사람들이다. 그리고 영국만의 특색을 가진 물건을 구입하고 싶어 하는 해외의 고객들도 상당히 많다. 화이트는 최근에 두바이의 어느 쇼핑몰에도 공중전화 부스를 하나 실어 보냈다.

비바람에 낡아버렸지만, 그것만으로도 우리는 영국 공중전화 부스의 개략적인 역사를 파악할 수 있다. 현재 화이트가 보유하고 있지는 않지만, 처음으로 표준화된 전화 부스의 모델이 등장한 것은 1912년에 공중전화 부스의 운영을 넘겨받은 중앙우체국(GPO)이 1921년에 선을 보인 크림색의 K1(키오스크 원)이었다. 중앙우체국이 공중전화를 운영한다는 사실이 당시에는 이상한 일이 아니었다. 왜냐하면 우체국과 공중전화는 모두 사람들을 연결하는 공공 서비스였기 때문이다. 우리가 흔히 알고 있으며 가장 일반적인 오래된 붉은색 전화 부스들은 자일스 길버트 스콧 경(Sir Giles Gilbert

Scott)이 디자인하여 1935년에 선보인 K6 모델이다. 이것은 조지5세 국왕의 즉위 25년을 기념하여 만들어진 것이었으며, 튜더(Tudor) 왕가의 왕관이 새겨져 있었다. 다음으로는 우리의 상상을 넘어설 만큼 비호감의 끝을 보여주었던 1980년대의 모델이다. 색깔은 칙칙한 회색과 검은색이었고, 뚜껑은 네모나고 납작했다. 그러니까 이전 버전이 가진 활활 타오르는 붉은색과 둥그런 지붕으로 된 대담한 양식들을 모두 버린 것이었다. 두바이의 쇼핑몰 중에서도 이런 모델을 원하는 곳은 없었다.

그런데 사실 공중전화 부스는 한창 잘나가던 시절에도 문제가 많았다. 린지 교수는 "공중전화 부스로는 결코 돈을 벌지 못했다"고 말한다. 아무나 쉽게 들어갈 수 있는 데다 현금이 가득했던 공중전화 부스는 걸핏하면 파손되기 일쑤였다. 그럼에도 불구하고 언제나 전화통엔 불이 났다. 브리티시텔레콤이 1981년에 중앙우체국으로부터 독립하여 1984년에 민영화된 이후에도 회사는 1990년대까지 공중전화 부스의 개수를 꾸준히 늘려갔다. 2000년대 초에 들어 휴대 전화가 보편화되고 나서야 브리티시텔레콤은 공중전화 부스의 수를 줄이기 시작했다. 상당수의 공중전화가 이제는 사용되지 않지만, 어쨌든 비용은 소요되었다. 작동하는 것들은 유지·보수를 위해서, 망가진 것들은 철거를 위해 돈이 들었던 것이다. 2020년 4월까지 브리티시텔레콤은 공중전화로 연간 450만 파운드의 순손실을 기록했다.

하지만 브리티시텔레콤은 공중전화 부스를 전부 다 그냥 없애버릴 수도 없다. 설령 없애고 싶다 하더라도 말이다. 이 회사가 제공하는 공중전화 부스 업무는 오프콤(영국 방송통신규제기관, Ofcom)의 규제를 받는 '보편적 서비스 의무'의 대상이기 때문이다. 오프콤에서 연결성(connectivity)을 책임지고 있는 셀리나

차드하(Selina Chadha) 이사는 이와 관련하여 "브리티시텔레콤은 영국의 모든 사람들이 서로 연락을 주고받을 수 있도록 보장해야 한다"고 강조한다. 브리티시텔레콤은 오프콤과 지역 당국으로부터 승인을 얻은 경우에만 공중전화 부스를 철거할 수 있지만 여기에도 제한 사항이 있다. 즉, 이동 전화 신호가 잡히지 않는 지역, 교통사고가 자주 발생하는 지점, 직전 1년 동안 52건 이상의 통화가 발생한 곳, 긴급 통화를 위해 자주 사용되는 곳 등 '예외적인 상황'에 해당하는 공중전화들은 없앨 수 없는 것이다.

그렇기 때문에 브리티시텔레콤은 수익성을 저해하는 수천 대의 공중전화 부스를 유지보수 해야 하는 어려움을 겪고 있다. 브리티시텔레콤의 노상통신 국장(head of street)인 제임스 브라운(James Browne)은 "노상에서 제공하는 전화통신 서비스에 대한 책임을 매우 진지하게 받아들이고 있다"고 말했다. 이와 관련하여 회사는 '스트리트 허브 2.0(Street Hub 2.0)'이라는 새로운 계획을 수립하여 인도 위에 롤링(rolling)형 광고를 보여주는 키가 크고 평평한 스크린을 설치했는데, 좀 더 자세히 들여다보면 여기에서는 무료 와이파이 서비스와 통화 기능까지 제공하고 있다. 광고 게시 공간의 일부는 지자체와 지역사업체들에게 무료로 제공된다. "네, 이건 수익성을 위한 시도입니다." 브라운이 자신있게 말했다.

얼핏 보면 불필요한 것처럼 보일 수도 있지만, 공중전화 부스가 얼마나 필수적인지를 입증하는 사례들이 있다. 지난 2021년 11월 아르웬 폭풍(Storm Arwen)이 지나간 후 잉글랜드 북부와 스코틀랜드에 거주하는 수천 명의 사람들이 전력과 이동 전화 서비스를 이용하지 못하는 상태를 경험했다. 차드하 이사의 말에 따르면, 재해가 일어난 이후 그녀는 해당 지역들에서 공중전화 부스를 계속해서 유지하기를 바란다는 보고를 받았다고 한다. 오프콤의 자료에 따르면, 2019년 5월부터 2020년 5월까지 공중전화 부스에서 15만 건의 응급구조 서비스 통화가 걸렸다고 한다. 그 외에도 같은 기간 동안 아동 상담 서비스인 차일드라인(ChildLine)으로는 2만 5000건이, 우울증 상담 서비스인 사마리탄즈(Samaritans)로는 2만 건의 통화가 공중전화에서 걸려왔다고 한다. 너무나도 개인적이거나 고통스러워서 집 전화나 휴대전화로 그 사실을 알리기 어려운 사람들이 공중전화를 이용했던 것이다.

©사진: Antony M

공중전화가 구한 생명들

잉글랜드 북서부에 있는 휴양지역인 레이크 디스트릭트(Lake District)의 바로데일(Borrowdale) 계곡에 위치한 작은 마을 시스웨이트(Seathwaite)에 있는 공중전화 부스는 아마도 잉글랜드에서 가장 외딴 지역에 있는 공중전화일 것이다. 이 공중전화는 잉글랜드의 최고봉인 스카펠 파이크(Scafell Pike)로 이어지는 길가에 위치한 어느 농장의 모퉁이에 자리를 잡고 있다. 지난 2021년 8월, 한 남성이

이 전화 부스에서 999(영국 긴급재난신고 번호)로 구조 전화를 걸어왔다. 40미터가 넘는 테일러 질 포스(Taylor Gill Force) 폭포를 향해 올라가던 중에 13살짜리 아들이 넘어져서 다리에 부상을 입었던 것이다. 응급구조 관제원은 케스윅(Keswick)의 산악구조팀에게 이 사실을 알렸고, 해당 팀에서는 아홉 명의 자원봉사자를 보내어 소년을 들것에 실은 다음에 산악 지역 밖으로 데리고 나왔다. 최근에 나는 지금까지도 작동하고 있는 이 공중전화에 대한 경의를 표하기 위하여 이곳을 찾았다. 이곳은 바로 매년 500만 건의 공중전화가 걸린 지점 가운데 하나였던 것이다! 나는 전화기를 들어서 귀를 대보았는데, '뚜'하는 통화 대기음이 들리자 비로소 안심할 수 있었다. 만약에 당신이 다친 아이를 두고 산길을 따라 내려와서 우연히 마주한 공중전화에서 그런 소리를 들었다면, 이보다 더 아름다운 소리는 없을 것이다.

평생을 바로데일에서 살아온 프레다 채프먼(Freda Chapman)의 말에 의하면, 브리티시텔레콤은 이 지역에 있는 4대의 공중전화를 없애기 위해서 몇 년 동안이나 노력을 했었다고 한다. "우리에게 철거 여부를 문의해 올 때마다 우리는 매번 그 계획을 거절했습니다." 그녀의 말이다. 2016년에 개최된 어느 회의 자리에서, 브리티시텔레콤은 위에서 소개한 시스웨이트의 그 공중전화에서 1년에 378건의 전화가 걸려왔다고 밝혔다. "하루에 겨우 한 통 정도입니다." 프레다도 인정했다. "하지만 지금도 여전히 하루에 한 번 정도는 이용되고 있다는 말입니다." 브리티시텔레콤은 또한 바로데일에 있는 로스웨이트(Rosthwaite), 시스웨이트, 시톨러(Seatoller), 스톤스웨이트(Stonethwaite)와 같은 마을에게 그곳의 공중전화 부스들을 꽃이나 책을 전시하는 용도로 지역사회가 직접 이용할 것을 제안했다. 이에 대해 채프먼은 이렇게 말했다. "공중전화를 더 이상

이용하지 않는다면 참 멋진 제안입니다. 하지만 우리는 공중전화를 그대로 두는 게 더 좋다고 말했습니다. 실제로도 그렇고요."

바로데일 지역에는 한 종류의 공중전화만 있는 것이 아니다. 로스웨이트에 있는 건 1980년대 버전이고, 시스웨이트에 있는 것도 마찬가지이다. 반면에 시톨러와 스톤스웨이트에 있는 건 왕관이 장식된 독특하고 고풍스러운 공중전화 부스이며, 건조한 돌담과 비탈진 짙은 언덕을 배경으로 이루어진 아주 매력적인 환경에 설치되어 있기 때문에, 그 모습을 사진으로 찍으면 누구라도 화보 같은 이미지를 얻을 수 있다. 참고로 이 모델은 세인트 판크라스(St. Pancras) 교회에 있는 존 손 경(Sir John Soane)의 가족묘를 본떠서 만든 것이다.

산 위에 있는 마을들은 아름다워 보일지 몰라도, 그곳의 현실은 멀리서 보기와는 다르게 험난할 수도 있다. 도보 여행자들이 넘어지는 사고는 언제나 일어난다. 케스윅의 산악구조팀은 2021년에 모두 126차례의 구조 활동을 펼쳤다. 구조팀의 일원인 롭 그레인지(Rob Grange)는 그곳에서 만약 간신히 기어 내려가서 도움을 요청한다 하더라도, 계곡에 있는 몇 채 안 되는 농가들 중의 절반은 휴가용 민박집이며 연중 거의 대부분은 불이 꺼져 있다고 말한다. 그레인지는 눈보라와 같은 험난한 날씨를 떠올리기라도 하듯 먼 곳을 응시하면서 이렇게 말했다. "언덕 지대에서 내려오더라도 그곳에는 아무도 없습니다." 브리티시텔레콤이 2016년에 개최한 시스웨이트 공중전화 부스에 대한 회의 내용을 공개하자 케스윅 산악구조팀은 페이스북에 그 소식을 게시했고, 그러자 앨러데일(Allerdale) 지역 의회에 밤새 수백 건의 항의가 빗발쳤다.

시스웨이트의 공중전화는 살아남았지만, 레이크 디스트릭트에 있는 다른 수많은 마을의 공중전화 부스들에는 철거 예정을 알리는 브리티시텔레콤의 파란색 포스터가 부착되었다. 채플 스타일(Chapel

Stile) 마을에서 한때 공중전화 부스가 서 있었던 자리에 남은
것이라고는 새롭게 깔린 아스팔트 광장뿐이었다. 그것은 마치 아무런
표시가 없는 무덤 같았다.

컴브리아(Cumbria)의 스톤스웨이트에 있는 고풍스러운 붉은색 공중전화 부스
ⓒ사진: T. Hedley

잊혀지고 방치된 통화

레이크 디스트릭트에서 남쪽으로 400킬로미터 정도 떨어진 노스
웸블리(North Wembley)의 상점가에는 바로데일의 네 곳과는 정반대의
운명을 겪고 있는 존재들이 있다. 사용되지도 않고 사랑받지도 못하는
4대의 공중전화 부스가 서있는 것이다. 메리 데일리(Mary Daly)
지역의원은 유감스럽다는 듯 이렇게 말했다. "예쁘고 빨간 공중전화
부스들은 아닙니다." 이 중 3개는 1980년대의 전화 부스인데, 각각
다양한 상태로 파손되어 있었다. 나머지 하나는 좀 더 현대적인 것으로
대략 5년 전에 설치된 것이었는데, 4대 중에서 유일하게 작동하는
것이기도 하다. 지역 주민인 캐서린 커닌(Katherine Cunneen)은
이렇게 말했다. "저걸 사용하는 사람을 전혀 본 적이 없습니다. 단

한 번도요." 바로데일의 주민들이 지역의 공중전화 부스를 지키기 위해서 힘들게 노력했던 것처럼, 커닌 역시 사람들이 사용하지 않는 이 공중전화 부스들을 없애기 위해서 싸우고 있다.

커닌은 노스 웸블리에서 거의 50년 동안 살아왔다. 그녀가 패딩턴(Paddington)에 있는 공공주택에서 이곳으로 이사를 왔을 때 모든 사람들이 그녀에게 "운이 참 좋다"고 말했다. 그녀는 주택을 한 채 보유하고 있었는데, 근처에는 막스앤스펜서(Marks & Spencer) 백화점과 세 개의 영화관이 있었다. 그녀의 말에 따르면 화려했던 매장들은 지난 수십 년 동안 동네를 떠났고, 그 자리는 수많은 테이크아웃 전문점들이 차지했다. 길거리에는 쓰레기가 굴러다녔고 주택공급은 줄어들기 시작했다. 그녀는 공중전화 부스들이 이 지역의 쇠퇴를 상징한다고 생각한다.

한 흐린 오후에, 그녀는 나에게 방치된 공중전화 부스를 하나하나 보여주었다. 지역의 도서관으로 바꾸거나 앞에 서서 기념 촬영을 하기에는 전혀 어울리지 않는 공중전화 부스들이었다. 어떤 전화 부스에는 마치 녹조류처럼 보이는 것이 벽면을 타고 퍼져 있었다. 또 다른 전화 부스는 마치 안쪽에서 자행된 범죄의 흔적을 은폐하기 위해서, 또는 그곳이 화장실로 사용된다는 사실을 가리기 위하여 내부를 하얗게 칠해놓은 것처럼 보였다. "리치몬드(Richmond)에서라면 과연 이런 모습을 볼 수 있었을까요?" 커닌이 지하철역 근처에 있는, 특히나 황량한 공중전화 부스를 가리키면서 말했다. 그녀는 그 전화 부스를 사용하는 사람들은 대부분 지하철에서 급하게 내린 사람들이라고 했다. 그리고 며칠 전에는 그곳에서 어떤 남자가 걸어 나오면서 바지 지퍼를 올리는 걸 봤다고 한다.

공중전화 부스는 언제나 다양한 범죄들의 무대가 되어 왔다.

누구나 쉽게 접근할 수 있는 데다 기이하게 은밀한 공간이기 때문이다. 지난 2월 그레이터 맨체스터(Greater Manchester)의 볼튼(Bolton)에 있는 공중전화 부스에서 칼부림 사건이 있었다. 몇 년 전, 웨스트 서식스(West Sussex)의 리틀햄프턴(Littlehampton)에서는 어떤 성범죄자가 지나가는 학생들이 전화를 받게 하려고 공중전화 부스 한 곳에 주기적으로 전화를 걸곤 했다. 2018년에는 노팅엄(Nottingham)에 있는 브릿지웨이(Bridgeway) 쇼핑센터의 외부에 설치된 공중전화들 몇 대가 철거되었다. 이곳의 공중전화 한 곳에서 1년 동안 무려 3000여 통의 전화가 발신되었는데, 그중 대부분은 마약 중개상들이 걸었던 전화라는 사실이 알려졌기 때문이었다. 당시에 브리티시텔레콤의 대변인은 그러한 통화가 모두 "관광객들이 걸었던 것"이라고 단호하게 주장했지만, 지역 주민들이 이에 반박하자 다시 이렇게 말을 바꾸었다. "솔직히 말해서 브릿지웨이 쇼핑센터에 그렇게 엄청난 수의 관광객들이 찾아올 거라고 생각하지는 않습니다."

　　노스 웸블리에서는 커닌이 움직였다. 이 문제를 메리 데일리 지역의원에게 가져갔고, 데일리 의원은 이 사안을 지역의회에 상정하여 브리티시텔레콤으로 하여금 낙후된 공중전화 부스를 철거하게 하려고 노력했다. 그러나 이곳에는 아직 공중전화 부스들이 남아 있다. 결국, 공중전화 부스를 철거할지 말지에 대한 선택은 브리티시텔레콤의 몫이었다. "저는 그 사실을 받아들일 수 없습니다." 커닌은 이야기한다. "공중전화 부스는 인도 위에 있습니다. 그들이 그 전화 부스를 소유하고 있을지는 몰라도, 인도까지 소유하고 있는 것은 아니잖습니까."

2015년 당시 스코틀랜드의 글래스고 시내 고번힐(Govanhill)에서 눈에 띈 공중전화 부스
ⓒ사진: Murdo MacLeod

기발한 사업 아이디어

한편, 영국에서 가장 매력적인 공중전화 부스들은 너무나도 사랑스럽고
가치 있는 상품이 되어서 이제는 도둑맞는 일까지 벌어지고 있다. 지난
2021년 여름, 체셔(Cheshire)의 첼퍼드(Chelford)와 도싯(Dorset)의
홀트우드(Holtwood)에서는 공중전화 부스가 도난당했다는 신고가
들어왔다. 학습장애를 가진 성인들을 위한 주간 보호시설인 홀트우드
팜(Holtwood Farm)의 관리자인 조쉬 프리처드(Josh Pritchard)는
당시를 이렇게 회상했다. "어느 날 차를 타고 지나가면서 살펴보니,
공중전화가 사라져 있었습니다." 마을 사람들은 이 사건을 이해할 수
없었다. 감리교회의 옆에 있었던 그 전화 부스는 프리처드가 일하는
보호시설이 인수하여 미니 도서관으로 개조할 예정이었다.

공중전화 부스를 훔치는 건 쉽지 않다. 땅속으로는 전원
케이블이 연결되어 있으며, 구조물은 콘크리트 바닥 위에 단단하게
고정되어 있다. 또한 이걸 땅 위로 들어 올려서 실어 나르려면
크레인이 장착된 트럭이 필요하다. 홀트(Holt) 교구회의 실리아

무어(Celia Moore) 의장은 분명히 야간에 범행이 발생했을 거라고 말했는데, 그녀의 목소리에서는 공중전화를 잃어버렸다는 사실에 대한 혼란스러움과 안타까움이 모두 묻어 있었다. 이 사건에 대하여 프리처드는 이렇게 덧붙였다. "공중전화는 언제나 이 자리에 있었습니다. 지역사회에게 있어서는 조금 실망스러운 사건입니다. 이곳에는 교회와 우체통과 공중전화가 있었습니다. 이제는 지나간 일이 되었네요." 마을의 이미지에서 가장 다채로웠던 특징이 사라져버렸다. 교구회는 이 사건을 경찰에 알렸지만, 경찰에서는 이 사건을 중요하게 취급하지 않았다. 공중전화 부스 절도는 위급한 범죄가 아니다. 그렇지만 주민들은 도대체 누가 왜 가져갔는지를 궁금하게 여겼다. "분명히 공중전화 부스를 거래하는 시장이 있는 것 같습니다." 프리처드의 말이다. "그러니까 누군가 몇 푼이라도 벌겠다고 그랬던 거겠죠."

공중전화 부스 시장은 몇 가지의 차원으로 구분된다. 우선 브리티시텔레콤으로부터 정식으로 승인을 받아서 전화 부스를 판매하는 법인 형태의 거래소가 있다. 그리고 이베이(eBay) 마켓이 있는데, 이곳에서는 출처를 알 수 없는 전화 부스를 3000파운드에 구입할 수 있다. 그리고 에디 오트웰(Eddie Ottewell)이라는 사람이 운영하는 RKC이스테이츠(RKC Estates)라는 또 다른 형태의 회사가 있다. 오트웰은 10년 전 쯤에 '싱킹 아웃사이드 더 박스(Thinking Outside The Box)'라는 자선단체를 통해서 브리티시텔레콤의 오래된 붉은 전화 부스들을 개당 1파운드에 대량으로 구입했다. 그런데 아마도 오트웰이 전략을 바꾼 것으로 보인다. 그가 온라인에서 공중전화 부스의 임대권을 경매하는 비즈니스를 시작했던 것이다. 오트웰은 인터뷰 요청에 응하지 않았다.

오트웰을 알고 있으며 공중전화 부스 경매 사이트를 운영하고 있는 맷 해리스(Mat Harris)에 따르면, 오트웰은 매물로 나온 목록들 가운데 브라이튼(Brighton), 그리니치(Greenwich), 햄프턴 코트(Hampton Court), 햄스테드(Hampstead) 등 좋은 위치에 있는 전화 부스들을 구입했다고 한다. 오트웰에서 전화 부스를 사는 고객들은 커피나 샌드위치를 판매하는 등 주로 간이 매점을 운영한다. 그리고 그런 장소를 지나는 유동인구가 풍부하다는 것을 알고 있다. 해리스는 RKC이스테이츠가 햄스테드 지역 한 곳에서만 5~6개의 공중전화 부스를 소유하고 있을 것으로 추정했다. 그리고 RKC이스테이츠의 웹사이트에 의하면 해당 공중전화 부스의 월 임대료는 400파운드이며 초기 수수료는 1500파운드에서 4200파운드 사이이다. 대표적인 관광지인 브라이튼 선착장 근처의 아주 좋은 위치에 있는 몇몇 공중전화 부스들은 개당 1만 달러에 매물로 나왔었다. 반면 그리니치에 있는 공중전화 부스는 정말 터무니없는 가격을 받지 않는 한 오트웰이 소유권을 유지하려 했던 것으로 보인다.

해리스는 "그가 투자했던 100파운드가 지금은 100만 파운드의 가치가 되었다"고 덧붙인다. 그러면서 처음에는 공공서비스를 위해 태어났던 이 독특한 모양의 공중전화 부스가 민영화를 거치면서 시대착오적인 물건으로 취급되었다가 그 다음에는 영국을 대표하는 상징물이 되었고, 결국에 그 마지막 단계는 수익성을 추구하는 상품이 되었다는 사실을 확인해주었다. 이 모든 것이 공중전화 부스에서 일어난 일이다.

수화기 너머의 인생에 관해

그럼에도 여전히 궁금증은 해소되지 않았다. 누가, 도대체 누가 공중전화에서 그 많은 전화를 걸고 있는 것일까? 나는 공중전화 부스 주위에서 아주 오랫동안 수상한 사람처럼 숨어 있었다.
누군가 공중전화를 사용하는 장면을 제발 포착할 수 있기를 바라는
마음이었다. 그러나 결국 내가 목격한 유일한 통화는 나 스스로
걸었던 것이었다. 나는 캠든에 있는 전화 부스에서 공중전화 서비스를
담당하는 콜센터에 전화를 걸어서 내가 지금 서 있는 공중전화 부스의
노후한 상태를 신고했다. 그리고 다른 누군가가 공중전화 부스의
안으로 들어가는 걸 목격한 것은 몇몇 엔지니어들이 그곳에서
작업하고 있는 장면을 우연히 보았을 때가 전부였다. 그들은 그
공중전화 부스의 옆에 있는 전기제어판을 손보고 있었다. 엔지니어 중
한 명이 안으로 들어가서 전화기를 들고는 깜짝 놀라며 이렇게 외쳤다.
"된다!"

　　　그렇지만 나는 향수를 불러일으키는 수많은 이야기들을 들었다.
엑스투커넥트의 마틴 화이트 대표는 공중전화가 있었기에 연인에게
전화를 걸 수 있었으며, 그녀와 결국 결혼했다. 바로데일에 사는 프레다
채프먼의 어머니가 일하러 나간 자신의 남편에게 메시지를 전달할
수 있었던 유일한 방법은 마을의 공중전화로 찾아가는 것뿐이었다.
공중전화 부스 큐레이터인 앤드류 헐리(Andrew Hurley)의 어머니는
2차 세계대전에 참전했던 남편과 이야기를 나누기 위해서 매주 일요일
밤 8시에 동네의 공중전화 부스를 찾아갔다.

　　　그런데 내가 들었던 사례들 가운데 공중전화 부스를
가장 헌신적으로 사용했던 사람은 랭커셔(Lancashire)의
브레더튼(Bretherton)에 사는 에릭 듀허스트(Eric Dewhurst)였다.
듀허스트는 오래된 공중전화 부스의 맞은편에서 혼자 살았는데, 그래서
그는 그 전화 부스를 마치 개인 전화처럼 사용했다. 거의 매일 그는
20펜스짜리 동전이 든 가방을 들고 길을 건너가서 그곳에 아예 자리를
잡은 채로 일상적인 전화 통화를 했다. 주로 통화를 하는 상대는 그의

형인 빌(Bill)이나 조카인 캐롤(Carole)과 일레인(Elaine)이었다. 한번은
그들이 듀허스트에게 휴대전화를 사주었는데, 그는 그걸 만져 보려고도
하지 않았다. "삼촌은 그렇게 바뀌는 걸 좋아하지 않았어요." 일레인의
말이다. 참고로 한번은 그들이 듀허스트에게 솜이불을 주려고 했는데,
그는 자신의 침대에서 한 장의 두꺼운 솜이불보다는 '수백 장의 얇은
담요'를 덮고 자는 걸 더 좋아했다고 한다.

런던 남부의 윔블던에 있는 공중전화 부스들 (이 지역은 휴대전화 신호가 잡히지 않는
곳이라서 오프콤은 공중전화 부스를 그대로 유지시키고 있다) ©사진: Amer Ghazzal

만약 비가 내리고 추운 날씨였다면 듀허스트는 부츠를 신고 여러
겹의 코트를 껴입었을 것이며, 여기에 더해서 노끈으로 묶은 비옷으로
마무리를 했을 것이다. 그리고 그는 그곳에서 자신에게 걸려오는
전화도 받았다. 마을에 사는 모든 사람들은 그게 마치 듀허스트의
전화인 것으로 알고 있었다. 그래서 누군가 그곳을 지나가다가 전화가
울리면 일단 그걸 받은 다음에 길 건너에 있는 그의 집으로 잽싸게
뛰어가서 그에게 전화가 걸려왔다고 말했다. 2019년에 듀허스트가
죽고 나자, 브레더튼에 있는 그 공중전화도 더 이상 사용되는
일이 없었다. 그건 정말로 1인용 전화 부스였던 것이다. 그래서
마을사람들은 그곳에 책을 채워 넣어두고 그에 대한 기억을 보존하고
있다. 이러한 사정을 잘 모르는 사람들에게는 그의 이름이 별다른

의미가 없을 것이다. 그러나 브레더튼에서 오랫동안 살아온 사람들은 비가 오나 눈이 오나 에릭 듀허스트가 두껍게 코트를 껴입은 채로 한 손에는 동전 주머니를 들고 통화를 하고 있었던 모습을 상상할 수 있다.

공중전화는 통화 중

만약 그 공중전화가 신형 '스트리트 허브 2.0'으로 바뀌었다면, 듀허스트는 그곳을 이용할 수 있었을까? 거기에는 비를 피할 수 있는 공간이 없다. 아니, 아예 들어갈 공간이 없다. 내가 서비스 센터에 전화를 걸었던 캠든의 오래된 전화 부스 인간에는 신형 설비들이 몇 대 설치되어 있었다. 모두 내부에 장착된 팬에서 낮게 웅웅거리는 소리가 나고 있었다. 가까이 가서 살펴보니 그저 크기만 거대한 검은색의 직사각형일 뿐, 그것은 큰 화면과 키패드, 그리고 충전용 포트와 이어폰 잭이 달린 커다란 스마트폰과 비슷하다는 사실을 깨달았다. 누군가 그곳에 서서 모든 포트에 기기를 연결한 채로 편안하게 친구에게 전화를 거는 장면을 상상하기는 어려웠다.

그러다 문득 시스웨이트의 공중전화에서 전화를 걸었던 다리를 다친 아이의 아빠가 떠올랐다. 공중전화에서 걸려오는 그 모든 응급구조 전화들, 차일드라인과 사마리탄즈로 걸려오는 상담 전화들, 아르웬 폭풍이 강타한 후에 공중전화 부스를 계속해서 유지하길 원했던 주민들, 지금도 여전히 휴대전화에 정을 붙이지 못한 채 혼자 살고 있는 수많은 에릭 듀허스트들이 떠올랐다. 오프콤의 셀리나 차드하 이사가 말하듯, "때로는 공중전화가 생명줄이 된다." 물에 빠져 어찌할 도리 없이 허우적대는 사람에게 던지는 밧줄은 한 사람의 손과 다른 사람의 손을 연결해준다. 공중전화 부스에 연결된 전화선은 한 사람의 목소리와 다른 사람의 목소리를 연결해준다. 사람들을 서로 연결하는 것은 그 자체만으로도 사람을 살리는 행위가 될 수 있다.

오프콤은 영국의 통신사업이 민영화되었음에도 국민 모두가 길거리의 전화 부스에서 전화를 걸 수 있도록 하겠다는 다소 감동적인 메시지를 전달하고 있는데, 나는 그러한 주장에서 그들이 무언가 중요한 사실을 간파하고 있었다는 생각이 들기 시작했다. 미래에는 폭풍우가 더욱 자주 찾아올 것이고, 에너지 수급은 원활하지 않을 수도 있고 가격이 급등할 수도 있으며, 우리의 가정에서는 전기가 언제나 안정적으로 공급되지 않을 수도 있다. 오프콤은 바로 그런 상황에서 공중전화 부스가 얼마나 중요할지를 알고 있었을 것이다.

나름 까다로웠던 탐구과제를 끝내기에 앞서서 이런 생각이 들었다. 내가 누군가 전화 부스에서 전화 거는 모습을 직접 볼 수 없다면, 최소한 거기로 전화가 걸려오는 소리를 들을 수는 있을 거라고 말이다. 공중전화들도 한때는 수없이 울렸을 것이다. 많은 사람이 줄을 서 있었을 것이다. 도시로 떠나간 자녀에게 전화를 거는 부모에게는 특별히 많은 시간을 양보했을 것이다. 연인들은 서로의 목소리를 듣기 위해서 기다렸을 것이다. 나는 엄마에게 문자 메시지를 보냈다. '이 번호로 전화 주세요! 나 지금 공중전화 부스에 있어요!'

엄마는 답장을 하지 않았다. 아마도 바빴을 것이다. 나는 그 상태로 10분을 기다렸다. 공중전화에서 아무것도 하지 않은 채로 그렇게 서 있는 게 점점 어색해져서 도저히 견디기 힘들 지경이 되었다. 나는 엄마에게 다시 문자를 보내서 신경 쓰지 말라고 말했다. 기술은 발전했지만 우리의 마음을 전하기에는 여전히 부족하기만 하다. 더 이상 참을 수 없었던 나는 결국 나의 휴대전화로 그 공중전화에 전화를 걸었다. 그러자 벨소리가 울렸다. 다른 어떤 인간관계의 신호일 수도 있었던 자그마한 그 소리가 길거리로 울려 퍼지고 있었다. ☎

시끌북적 사무실

(1)권순문 디자이너 : 통의동에 bkjn shop이라니! 감격 그 자체!

(2)신아람 CCO : 거짓말같이, 봄

(3)이연대 CEO : 참말로, 봄

(4)이현구 선임 에디터 : 요새 뉴스 때문에 심란해서 잠이 안 와요.

(5)김지연 리드 디자이너 : 온그라운드 갤러리 카페 복도 쪽엔 햇살 많이드는 좌석이 있어요.

(6)정원진 에디터 : 올 봄엔 사진을 많이 찍어보려고요!

(7)김민형 오퍼레이팅 매니저 : 날이 풀려서 열심히 아이스크림을 먹고 있어요~!

(8)홍성주 커뮤니티 매니저 : 즐겨 듣는 봄 노래가 있나요?

(9)김혜림 에디터 : 까만색으로 가득한 4월에 온 걸 환영해…

(10)이다혜 에디터 : '제로 칼로리' 식품, 맘껏 먹어도 될까?

(11)백승민 에디터 : 잔인한 4월에는 치킨 값이 오른대요. 만우절 거짓말이어라…

(12)구성우 커뮤니티 매니저 : 봄에는 시작을 해야 한다. 그래야 끝을 보니까!

통의동!

멋진 카페와 문화! 경복궁!

그 사이에 bkjn shop 2호점 오픈!

여러분, 퇴근할 시간이에요

오늘 야근하면 안돼요?

거대 소금빵의 비밀

제 얼굴만 한 빵입니다!

조작이 틀림없어.
착시군. 파헤쳐 주겠어

정보소금빵 한정판

진짜였어..?

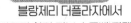

블랑제리 더플라자에서
만우절 한정 점보 소금빵 판매중!
스레드를 가져가면 15% 할인까지!

THREAD

너! 동료가 되어라!

단체 구독

개인 구독

읽으면 똑똑해지는 종이 뉴스 잡지를 동료와 함께 읽어 보세요.
기업, 학교, 팀 단위로 단체 구매를 하면 최대 67% 할인 혜택을 드려요.

지식과 경험의 축적이 새로운 관점과 만날 때 혁신이 일어납니다. 동료들과 같은 책을 읽고
대화를 나누면서 업무에 곧바로 적용할 만한 아이디어가 떠오르기도 하고, 잘 모르던 분야의
뉴스를 읽다가 오래 고민하던 문제의 해법을 발견하기도 합니다. 좋은 지식 콘텐츠는 개인의
성장과 팀의 문제 해결을 돕습니다. 깊이와 시의성을 두루 갖춘 지식정보 콘텐츠로 팀의 업무
역량을 키우고 성과를 향상시켜 보세요.

《스레드》 구독 문의 👉 thread@bookjournalism.com